はじめてのレポート Textbook

伊藤義之　著

嵯峨野書院

レポートとは

▶▶ あなたにもレポートが書けます

　レポートは誰にでも書けます，と言ったら驚くでしょうか。小学校以来，作文の時間などで文章を書くのが苦手だと思っている人はたくさんいます。なぜそう思っているのでしょう。書きたいことがないのでしょうか。そんなことはありません。友達と話をしたりLINEをしたりは誰でもやっています。本当は誰にでも話したいことがあるのです。ではなぜレポートは書けないのでしょうか。それはレポートの書き方を教えられてこなかったからです。習ったことがないものは書けないのがあたりまえです。

▶▶ 会話やLINEとレポートはどこが違う

　会話やLINEはすぐに相手の反応があるコミュニケーションです。レポートは書くことと読むことの間に時間差があります。ここが大きな違いです。会話やLINEでは，言いたいことがうまく伝わっていないなと感じたらすぐに修正ができます。レポートではそれができません。その分だけ少しテクニックが必要です。これが会話やLINEとレポートの違いです。でも，テクニックさえ身につければレポートを書くことはさして難しいことではありません。

▶▶ レポート作成のテクニック

　レポート作成のテクニックというと文章の表現や全体構成のことを思い浮かべるかも知れません。が，必要なテクニックはそれだけではありません。頭の中の漠然とした考えを目に見える形にまとめるのも必要なテクニックです。ネタを探すときの本の読み方にもテクニックがあります。この本では「読むテクニック」「書くテクニック」「伝えるテクニック」を紹介します。難しいことは何一つ書かれていません。テクニックを身につけてレポートに対する苦手意識をなくしましょう。

伊 藤 義 之

本書は拙著『はじめてのレポート』（嵯峨野書院）と『はじめてのレポートWorkbook』（同）を下敷きにしながら，大学の半期の授業に合わせて新たに書き直し，各章の最後にExercise（練習問題）をつけました。

目　次

- レポートとは……………………………………………………………… i
- 1 章　読むテクニック 1　　論理的な文章を読もう………………… 1
- 2 章　読むテクニック 2　　読む本・読まない本…………………… 4
- 3 章　読むテクニック 3　　効率的に読む方法……………………… 7
- 4 章　読むテクニック 4　　速く読むコツ…………………………… 10
- 5 章　読むテクニック 5　　本を汚す………………………………… 13
- 6 章　書くテクニック 1　　三つのステージ………………………… 19
- 7 章　書くテクニック 2　　ステージ 1：何を書く？………………… 21
- 8 章　書くテクニック 3　　ステージ 2：似たもの探し……………… 26
- 9 章　書くテクニック 4　　ステージ 3：階層化……………………… 29
- 10 章　伝えるテクニック 1　　誰に伝えるの？……………………… 32
- 11 章　伝えるテクニック 2　　句点・読点・段落…………………… 35
- 12 章　伝えるテクニック 3　　論理的な表現方法…………………… 37
- 13 章　伝えるテクニック 4　　「読者ファースト」…………………… 41
- 14 章　伝えるテクニック 5　　表現の色々なルール………………… 45
- 15 章　引用のテクニック……………………………………………… 52
- あとがき………………………………………………………………… 55

1章 読むテクニック1 論理的な文章を読もう

　書くことの出発点は読むことです。何も読まないでレポートは書けません。読むことなしに次から次へと書くことがわき出してくる人はいません。読むことがヒントになり，そこから自分の思いがわき上がります。次の文を見てください。

　「近頃の若い人はすぐキレる」

　この意見は正しいですか。正しいと思う人もそうでないと思う人もいるでしょう。しかし実際のところ正しいかどうかはそう言っている理由を聞いてみないと判断できません。理由とは，そう主張するための根拠です。自分のイメージや自分の経験だけで語る，根拠を示さない意見は単なる個人的な思いです。私たちが何かを主張するとき，意見に説得力を持たせるためには根拠を示す必要があります。

　意見の正しさを実験や調査によって示すこともありますが，大半は資料や他人の意見が根拠になります。ですから書くためにはまず読むことが欠かせません。根拠をあげるときだけではありません。レポートのテーマを何にしようかと悩んでいるときヒントになるのも，書こうとしているテーマを発展させるのも，読むことが大いに役立ちます。読むことには書くことへのヒントがいっぱい詰まっています。

▶▶ よく読む文体で書いてしまう

　書く文章をみればどんな本を読んでいるかが分かります。あなたはこの一週間，どんな文章を読みましたか。一冊も本を読んでいないという人も何らかの文字は読んでいます。コミックス，レジャー情報誌，カタログ雑誌，アルバイト情報誌，ファッション誌，教科書，参考書，旅行のガイドブック，小説，エッセイ，紀行文，論説文，新聞，テレビや映画の字幕，そしてSNS…世界は活字に満ちています。何も読んでいないようでいて，意外と読んでいるものです。文章は知らず知らずのうちにそれを読んでいる人に影響を与えます。内容もそうですが，文体もそうです。SNSの短い文に慣れた人は自分が書く文も短くなります。エッセイをよく読む人はエッセイ風な文章が多くなります。小説好きな人は好きな小説家が書きそうな文章を書きます。読書の幅の狭い人は文体の幅も狭くなります。

▶▶ 論理的な文章と情緒的な文章

　エッセイや小説，そして多くのSNSの文章は論理的な文章ではありません。どちらかというと情緒的な文章です。情緒的な文とは理解することが目的ではなく，共感することが目的です。しかしレポートは読者に情緒的な共感を求めるものではなく，論理的な理解を求めるものです。したがってSNSや小説は論理的な文章の練習には向きません。論理的な文章を書きたければ新聞や専門書など論理的な文章をよく読むことです。論理的な文章の読み方にはテクニックがあります。それを紹介していきます。

▶▶ 書くときが読みどき

　読書するのはどんなときでしょう。暇なとき？いえいえ，一番いいのはレポートの課題が出たときなど，何かを書かなければならないときです。いつでも書きたいことがいっぱいあればいいのですが，普通はそうすらすらと書きたいことが出てきません。そのために読むのです。書かなければならないときが読むチャンスなのです。

▶▶ 必要に迫られて

　読書は，具体的で切実な目的を持っているときにはかどります。電化製品などのトリセツ（取扱説明書）はその製品を使うためにきちんと読まなければなりません。恋人からきたメッセージ，ひいきチームの活躍が載っているスポーツ新聞，そういうものを読むときは読んだことがどんどん頭に入ってきます。

　レポートを書くときも同じです。明確な目標を持たず漫然と本を読んでいるときは目は文字を追っていても内容はさっぱり頭の中に入ってきません。ところが書かなければならないときに読んだ本はよく吸収できるのです。なぜでしょうか。読む目的がはっきりしているために読書の視点が定まっているからです。漫然と読んでいると単に筆者の意見をそのまま受け入れがちですが，レポートを書こうとしているときは自分の視点があります。その視点から読むと内容が理解しやすいのです。このような読み方をクリティカル・リーディング（批評的読書）と言います。批評とは批判することではありません。視点を定めて読むことで，対象が正しく評価できるということです。自分が書く立場に立つと本の筆者の立場が理解しやすくなります。

▶▶「読む」と「書く」はつながっている

　読むことは書くことの大きな動機づけになります。読むことが書くことを誘発します。書こうとしているときに読書が進み，また他人の本を読むと自分でもよく書けるようになります。有名な作家は著名な読書家です。執筆者にとって書くことと読むことは一つにつながった活動だと言ってもいいでしょう。レポートを書くにはその分野の本を集めるのが第一歩です。集めたものが書くときの資料になるかならないかは二の次。興味本位でどんどん集めましょう。インターネットで検索すると集めきれないほどの本が出てきます。そうして集めたものを読んでいくと自分の中に書きたい気持ちがわき上がってきます。書きたくなってくるとさらに本が読みたくなってきます。この好循環が出てくればレポートは半分できたも同然です。

Exercise 1

(1) 次の，日本人とガイジンに関する二つの文はそれぞれ論理的ですか。
(2) そう言える理由は何ですか。

1．日本人は中身よりも見た目を重視して，日本人とガイジンを区別している。日本人とガイジンを分類するにはおもに二つの特徴が基準となる。髪の毛や肌の色などの見た目（生物学的特徴）とことばや習慣などの中身（文化的特徴）である。日本人にとって見た目も中身も日本人らしい人がいわゆる「日本人」，どちらもガイジンっぽい人がいわゆる「ガイジン」である。帰国子女は日本人かガイジンかと尋ねられたとき多くの日本人は「日本人だ」と答える。ただし「変な日本人だ」と言う人が多い。見た目は日本人だが，中身がガイジン的だからである。しかし「変なガイジンだ」と答える人は少ない。変ではあるがあくまでも日本人，なのである。ここに，日本人は中身よりも見た目を重視していることが現れている。

(1)

(2)

2．ガイジンに部屋を貸したくないアパートの大家さんがいるが，その気持ちは理解できる。日本人とガイジンはあきらかに違う。そのため多少の差別的取り扱いは仕方がない。ガイジンは髪の毛の色や肌の色が違う。髪の毛が金髪の日本人もいるがそれは染めているからで，日本人は元々みんな黒い髪の色をしていて，生まれたときから金髪の日本人の赤ちゃんなど見たことがない。肌の色が黒い日本人もいるが，それはサーファーだったり日焼けサロンで焼いていたりするからである。ガイジンは日本語が下手だが，英語はうまい。反対に日本人は英語が苦手だが日本語は誰でもちゃんとしゃべれる。このように日本人とガイジンは見た目も中身も全然違っているので大家さんの気持ちは理解できる。

(1)

(2)

2章 読むテクニック2 読む本・読まない本

　本は何でも1ページ目から読み始めてすべて通読すればいいというものではありません。タイトルに引かれて購入しても実際に手に取ってみると，面白いところは一部でそのほかは全然読む気にならない本だったということがあります。全体を読む必要があるかどうか，どうやって判断すればいいでしょうか。それは本の種類や特徴を知ることです。本には次のようなものがあります。

> ① 雑誌
> ② リーディングス（論文集）
> ③ 体裁がひとまとまりの本
> ④ 内容がひとまとまりの本

▶▶ 形式で判断する

　通読すべきかどうかの区別をつける第一は本の形式を知ることです。その本が全体を通してひとまとまりの構成になっているのか，それとも各記事の集合体なのか。雑誌は後者です。これは必要な部分だけを読みます。一冊の本の体裁をしていてもいくつかの論文を集めた形式のものがあり，それをリーディングスと言います。リーディングスは複数の著者によるものもあり，各論文が独立しているのでこれも必要なものだけを読みます。

▶▶ 内容で判断する

　一見一冊丸ごと通読すべき形式の本でも「体裁がひとまとまりの本」と「内容がひとまとまりの本」があり，区別するには内容を知る必要があります。目次の構成を見てみましょう。一部，二部といった部構成になっているもの，「〜編」といった編構成になっているものはたいてい異なるテーマを一冊にまとめたものです。章構成になっていても，雑誌に初出された読み切りの記事や論文を発行された順に並べただけのものもあります。そういったものは通読する必要がありません。

▶▶ 自分の判断を大切に

　全体を通して内容がひとまとまりになったと判断されるものでも，すべて読むとは限りません。先生のお薦めの書であっても，名著と言われているものであっても，同じことをだらだらと繰り返したものや取るに足らない章をくっつけたものもあります。そのあたりは読み進めていく中での判断です。「通読する必要なし」と思えばいつでもそこで読むのをやめる勇気を持ちましょう。論理展開がおかしい，読むに値しない本だ，と判断することもあります。

　残念ながら自分の理解力がないために断念することもあります。それでよいのです。他から知識を得ていくうちにいつか理解できるようになります。そのうちすらすら理解できるようになると思って今は本を閉じましょう。「読書百遍意自ら通ず（本は何度も読めば理解できるようになる）」は現代では通じません。レベルに合わない難しすぎる本は無理をして読まなくてよいと私は思います。

▶▶ 読まない方がいい本の見極め

　無理して読む必要がない本はたしかにありますが，最初はある程度読まなければ何がそういう本なのかが分かりません。急がば回れとも言います。途中で読むのをやめる癖がついてしまうと何も読み通せなくなりますし，読書自体が面白くなくなってしまいます。ではどうすればいいでしょうか。それは本を読んでいて次のような疑問が出てきたら書きとめることです。書きとめて疑問を持つこと自体が勉強になります。

> ① 事実誤認（本当にそうか）
> ② 非論理的（言っていることの根拠が書かれていない）
> ③ 論理の飛躍（つじつまが合わない）
> ④ 繰り返し（何ページか前にも同じことを読んだ）
> ⑤ 結論がない（いったい何が言いたいんだろう）
> ⑥ 首尾一貫しない（話題があちこちに飛ぶ）

これらの疑問点があまりにも多い本は読むのをやめましょう。映画でもつじつまが合わなかったり，都合よく筋が展開したりする作品に当たると，途中でも映画館から出たいと思います。読書も同じことです。読むに値しない本は「ここまで読んだんだから」とか「お金がもったいないから」と思わないで途中で読むのをやめましょう。このような文は書かないでおこうという反面教師としての価値はありますが，時間の方がもったいないですから。

Exercise 2

(1) これまでに読んだ本で，前のページにあった①〜⑥の理由によって途中で読むのをやめた，あるいはやめたかったものをあげてください。

(2) 理由は①〜⑥のどれでしたか。また具体的にどのような疑問点が出てきましたか。

3章 読むテクニック3 効率的に読む方法

▶▶ 著者を知る

　本を理解するための早道は著者を知ることです。著者はどんな経歴の持ち主でしょうか。これまでどんな本や論文を書いているでしょうか。それらが分かれば，目の前の本の性格にある程度察しがつきます。

▶▶ 奥付や本のカバーを見る

　奥付とは本の裏表紙に近いところにあるページです。ここには本に関する情報（発行日，出版社，第何版かなど）が書かれています。著者に関する情報は奥付や本のカバーに印刷されています。たとえば下は『はじめてのレポート――レポート作成のための55のステップ』（嵯峨野書院，2003年）という本に書かれた著者のプロファイルです。

伊藤義之（いとう・よしゆき）

1954年　和歌山県生まれ

1978年　大阪大学人間科学部卒業

　（中略）

現在　天理大学教授

関心の対象はサイバーコミュニティを対象とした文化人類学，コンピュータリテラシーを含む教育工学，アメリカンフットボール等

著書『入門ロータス1-2-3・教育編』（エーアイ出版，1989年）

　　『文化と現代世界――文化人類学の視点から』（嵯峨野書院，1991年）

　　『異文化を「知る」ための方法』（古今書院，1996年）

　（以下略）

伊藤氏（本書の筆者自身ですが）の来歴や著した本を見ると，彼は文化人類学，教育工学などの分野の研究者で，それに関する書籍を著してきた人であることが分かります。

▶▶ インターネットで情報を補う

　インターネットで著者の名前をキーワードに検索をすると，さらに詳しい情報が得られます。同姓同名の人がいたりすると間違った情報を選び出してしまう可能性もありますが，通常は選び出されたサイトには本人の勤務先や役職，著した書籍などに関する情報が含まれ，奥付に記載された情報を補うことができます。これらの情報を総合して著者のイメージを作り上げておくとこれから読む本についての予備知識が充実し，読書がスムーズになります。

▶▶ はじめに「あとがき」

　「あとがき」は先に読みます。あとがきだから最後に読むとの先入観にとらわれる必要はありま

3章 読むテクニック 3

せん。あとがきには本文全体の大まかな概観が語られることがよくあります。結論が繰り返される場合もあります。先にあとがきを読んでおくと本全体のあらすじが把握できるのです。ただし，すべての「あとがき」にそれが期待できるわけではありません。本文を読まなければ理解できないものもあります。そんな「あとがき」は最後に読めばいいのです。書かれてある順番に本を読む必要はどこにもありません。理解しやすい順，興味のある順に読みましょう。なお，あとがきは「結び」や「終わりに」などと称している場合もあります。

▶▶ 「はじめに」はいつ読むか

あとがきは本文を書き終えた後に書きます。あとがきから書き始める著者はほとんどいないでしょう。では「はじめに」を書くのは本文を書く前でしょうか。そうとは限りません。「はじめに」とは本文を書き始める前に書くもののことではなく，本文を読み始める前に読んで欲しいもののことです。読者を導く導入部です。これは書く方としては最後に書いた方が都合のいいことが多いのです。これに対して「あとがき」は本文が済んでほっと一息したあとで全体の復習と今後の課題や謝辞，裏話，メーキングストーリーなどを書き連ねることが多いようです。「はじめに」は著者が読者を自分の世界に引き入れるためのものですから，ここは順序通り本文の前に読むのが有益です。まず「はじめに」を読み，次いで「あとがき」を読み，そして本文を読む，という順序で読み進めるのがいいでしょう。

▶▶ 本を読む順序

Exercise 3

(1) まだ読んだことのない本を一冊用意してください。
(2) 本の帯，カバー，奥付，著者略歴，「はじめに」，「あとがき」を読んでください（帯やカバーがなければかまいません）。
(3) ネットで著者や本の内容について検索してください。
(4) 読んで分かったこと（書名，著者名，本の内容など）を下に書き出してください。
　　本文は一行も読まなくてかまいません。

4章 読むテクニック4 速く読むコツ

　本は常にゆっくり，熟読する必要はありません。限られた時間の中で多くの本を読むときは斜め読みや速読のテクニックも必要です。最も効果のある速読は**読まないこと**です。つまらないと思ったら読むのをやめます。疑問点だらけで面白くない，難しすぎて自分に合わないと思えばやめる勇気が必要です。読む必要のないものを義務のように読み通すのは時間がもったいないだけです。忙しいときに使える時間は限られています。レポートの締め切りが迫っているときに無駄な読書でほかに読むべき本が読めなくなったり，するべきことができなくなったりするのは避けましょう。一方，どうしても読まなければならないときは次のような，速く読むコツを身につけておきます。

- 粗読み(あらよみ)をする
- 環境を変える（集中力を高める）
- メモを取る

▶▶ 粗読みでざっくりと理解する

　いわゆる速読法とは視野拡大や記憶法の訓練などの組み合わせで行うものですが，訓練によらなくても早く理解するコツはあります。それは本をすべて逐語的，逐文的に読まないことです。各章の最初の数行だけを何ページにも渡って眺めたり，見出しや図表，興味を持った部分だけを見たりすることを粗(あら)読みと言います。本のページを進んだり戻ったりしながら粗読みと精読（じっくり読むこと）とを繰り返すと，全体の流れをつかんだ上で内容をじっくり読むので頭から順々に読むよりも結果的に速く読めます。ただしこの読み方には相当の集中力が必要とされるので音楽などを聞きながらの「ながら読み」はやめましょう。

▶▶ 環境を変える・メモを取る

　集中力が低下すると部屋を替わる，外に出るなどして環境を変えることも大切です。騒音があるにもかかわらず電車の中の方が，本が読めることを経験している人も多いでしょう。最近は電車の中ではスマホでゲームやLINEをする人が多くて本を開いている人をあまり見かけなくなりましたが，本を読む必要があるときには通学，通勤中が貴重な読書の時間になるはずです。

　また一見速く読むことと反するようですが，気づいたことを書きながら読むと結果としてたくさんの量を早く読むことができます。前のことを忘れたら普通はそこに戻って読み直しますが，メモがあればもう一度同じところを読む必要がありません。それに，書くことによって要点が整理できるので漫然と読むよりも集中して早く読めます。同じ本を読んでいても内容が把握できてくると少しずつ読む速さが速くなってきます。それをメモが助けてくれるのです。

▶▶ 予備知識を持つ

　何が書いてあるか分からない状態から読み始めるよりも，前もって情報を仕入れておくと理解にプラスになります。情報といっても特別なものではありません。目次を見てみましょう。話の流れ

を頭に入れておくことでこれだけでも話の展開が追いやすくなります。索引にも目を通します。索引は読んだあとで気になった言葉が出ているページを探したり，読んでいる最中に分からない言葉が出てきたときに最初にその言葉が出てきたページを探してそこに戻ったりするために使うものです。が，本を読む前に索引を見ておくとそこに挙げられた言葉から全体の傾向が想像できます。しっかりした索引には著者がそれだけ責任を持って書いていることが現れています。また読もうとしている本をインターネットで検索してみると，感想やコメント，批評などが見られます。読む前のこうした予備知識も効率的な読書の助けとなります。

▶▶ 結論から読む

結論が最初に書いてある本は理解しやすい，いい本です。それ以降に書かれていることが結論との関係で読めるので頭に入りやすくなるのです。自分が書くときもこれを心がけましょう。けれども本の中にはなかなか結論が出てこないものもあります。そういうときは先に結論を見ておいた方が理解しやすいものです。推理小説ならばあれこれ犯人を推理するのも楽しいのですが，読み進めていって初めて結論が分かる文章はいい文章とは言えません。ところが，そんな本が世間には多いのです。そんなときは迷わず結論を先に読んで，筆者の足りない部分を補ってやりましょう。結論がどこかはっきりしなければ「あとがき」を読むという手もあります。

▶▶ 段落の役割を見分ける

著者の文章を分析しましょう。論理的な文章には自分の主張を書いた段落と主張を理由づける段落があります。どの段落が主張の段落で，どこが理由づけの段落かを見分けながら読みましょう。同様の例がいくつも書かれていれば，二つ目以降の例は流し読みでも構いません。各段落ごとに余白に自分流の見出しをつけて書いておくのも理解のプラスになります。そういう理由でこの本にもほぼ段落ごとに小見出しがつけられているのです。急がば回れ。これぐらいの労力をいとわないでいると，後で読み返すときにどこに何が書いてあるかが分かり全体としては読み通す時間が減ります。なお，段落についてはあらためて「**11章 伝えるテクニック2 句点・読点・段落**」で詳しく触れます。

Exercise 4

(1) *Exercise 3* で使用した本から一つの章を選び，粗読みしてください。

(2) その章の結論が何か，見つけ出してください。

章タイトル

章の結論

(3) 読んだ章の内容を，100字〜150字で要約してください。

5章 読むテクニック5 本を汚す

　本を読むときは必ず付箋と鉛筆を用意します。本を読むと頭が活性化し，普段考えないことも思い浮かびます。ところが本を閉じた途端にそれらを忘れてしまいます。ですから，本から刺激を受けたら頭であれこれ考えていてはいけません。まず書きとめましょう。書き始めると勢いがつきます。読書そっちのけで書く方に力点が移るかも知れませんが，それでいいのです。読書の目的は他人の考えをそのまま受け入れることではありません。自分で考えること，そのための刺激を受けることが読書の本当の目的です。

▶▶ 本を汚す

- 線を引く
- 端を折る
- 書き込む
- 付箋をつける

　本はきれいにキープしておくものではありません。どんどん「汚し」ましょう。線を引きながら読みましょう。ページの角を折りましょう。思ったことは本に書き込みましょう。重要だと思った箇所，書き込みをした場所には付箋をつけましょう。世界中の数学者がその証明を試みた有名な「フェルマーの最終定理」も，17世紀のフランスの数学者フェルマーが本の余白に書き残したものだと言われています。

▶▶ パソコンに転記

　しるしをつけたページはパソコンに書名とページ数を入れておきます。簡単な内容を入れておくとなおいいですが，あまり欲張らない方が長続きします。本に書き込んだ言葉は書名，ページ数とともに必ずパソコンに転記します。書き込むのは本の内容に関することとは限りません。文章表現で気づいたこと，構成で気づいたこと，本の種類，本の特徴，全体的な印象など，何でも書いておきましょう。読書中に思った，その本と直接関係ないことを書き入れておいてもいいでしょう。こうしてあなただけのオリジナル読書ノートができあがります。

▶▶ 人のために読む

　人に伝えることを意識しながら読むと内容の理解が進みます。授業の課題として割り当てられた部分の発表をするときは，人に伝えなければならないので真剣に読みます。課題でなくても，つねに人に伝えるつもりで読み内容をレジュメにまとめておくのは自分のためになります。文章の構造を意識することにもつながります。それほど長くない論文を読むときはたとえば次のようにまとめます。長い論文や本全体を読むときもこれらの組み合わせです。

- 結論
- 文章の構成（段落の組み立て）
- 結論を理由づける根拠
- 実例
- 統計資料・調査結果など
- 疑問点・意見

　文章にはいくつかのチェックポイントがあります。結論は何か，結論を理由づける根拠は何か，どのような例を用いているか，どのようなデータ収集を行っているか，筆者はどのような論理の展開で結論を導き出しているか，などです。

▶▶ レジュメを作る

　チェックしたポイントをレジュメにします。レジュメとは要約のことです。A4用紙かB4用紙一枚に一覧できる程度にまとめます。レジュメにはまず筆者の言いたいこと，結論を書きます。最初に結論を書いておくと読む方は最初の数行で全体像が把握できます。次に文章の構成を述べ，各段落や章のあらましを書きます。各段落や（長い場合は）章ごとの概要を整理する際には図や表を入れるとそれを見る人が直感的に把握しやすくなります。

▶▶ 意見を書く

　レジュメには概要だけでなく，本に対するあなたの意見も書きましょう。感想や疑問点を書いておくと発表のときの意見交換のきっかけになりますし，自分自身の考えるきっかけになります。このようにしてレジュメを作るのは時間がかかりますが，文章がしっかり把握でき，後々まで貴重な読書資料として残ります。

▶▶ 手を動かしながら読む

　文章を読むときは重要と思うところに線を引きながら読みます。線を引くことで真剣に考え，緊張感を持った読書ができます。まず鉛筆で線を引き，次にマーカー（ハイライトペン）で線を引く，2段階線引きを勧めます。最初に鉛筆で線を引くのは線引きを気軽に始めやすくするためです。

　まず，読みながら重要と思ったところに鉛筆で線を引いていきます。縦書きの文なら右側に，横書きの文なら下側に線を引きます。鉛筆の線は試し引きですから，ためらわずにどんどん引きましょう。線引きは文章全体の2〜3割にとどめようという人もいますが，重要だと思えばほとんどすべてに線を引くことだってありだと私は思います。人によって何が重要かは違うからです。

　次はマーカーで文字を塗っていきます。こちらはちょっと慎重さが必要です。読み返して本当に

重要だと思ったところだけをマーカーで塗っていきます。と言っても万人向けの正解はありません。自分の感覚で引いていけばいいのです。さらに結論，つまり筆者がもっとも述べたいところを線で囲んでおくと，筆者の言いたいことが一目ではっきりと分かります。一つ例を挙げましょう。まず次の文章を読んでください。次のページに答えがありますが，できればそちらを隠して読んで自分自身でどこが重要なのか考えてみてください。とくに鉛筆やマーカーで線を引いたり枠で囲んだりする必要はありません。

　日本人の国際化を阻害しているのは「画一性志向」と「ウチ意識」である。画一性（同質性）をよしとする考え方は生活の至る所にみられる。いじめは画一性の弊害と言うべきものである。「いじめる側も悪いがいじめられる方にも問題がある。」という先生には，「ズレた」子供は画一的な集団から外れているがゆえに悪である，という論理が用意されている。　最近の大学生には「ダサ」く「クライ」人を嫌う，また「オモイ」話題を避ける傾向がある。ダサイ，オモイ，クライことの善悪は別にして，そのようなレッテルを貼って一律にそれらを排除することの背後には画一性の考えがある。価値観は多様化するよりもむしろますます一様化するように見える。「ガイジン」という言葉は画一性志向の産物であると同時に「ウチ意識」の産物でもある。少しでも異質なところのある人間をひっくるめてネーミングする仕方の背景には日本はウチ，それ以外は皆ソトだという考え方が見える。ガイジンといっても彼らは朝鮮人であり，英国人であり，ブッシュマンである。しかし（日本人にとって）差違は問題ではなく重要なのは日本人であるか否かである。
　画一性志向，ウチ意識は「国内人」としては美徳と考えられることが多い。確かに一集団内では全体の和が保たれ，連帯感は強まるだろう。しかし国際人たることが以前にも増して求められている今日，日本人の美点が時には国際化の妨げになっていることはもはや看過できまい。

（出典：伊藤義之「国際化に必要なもの」天理大学広報1985年7月号）

この文章にマーカーで線を引き，さらにレジュメを作ってみたのが次ページの例です。重要なところにどんどん鉛筆で線を引き，その中でとくに重要だと思うところをマーカーで塗りました。そして，この文章で一番重要なこと，つまり結論は最初に書かれていると考えて1行目の文を枠で囲みました。

　なお，こうした線引きは文章を読むときに常にやるものではありません。慣れてくると頭の中で同じことができます。けれども短時間で概要をまとめることに不慣れな間は鉛筆とマーカーを使うことが文章理解の助けになります。さらに，線を引いた部分を中心に箇条書きにまとめると，それがレジュメになります。時間があれば，簡単な要約文を作っておいてもいいでしょう。ただし要約文があまり長くなると読み返すのに時間がかかり要約をした意味がなくなります。ごく簡単にまとめましょう。

▶▶ 線引きの例

　　日本人の国際化を阻害しているのは「画一性志向」と「ウチ意識」である。画一性（同質性）をよしとする考え方は生活の至る所にみられる。いじめは画一性の弊害と言うべきものである。「いじめる側も悪いがいじめられる方にも問題がある。」という先生には，「ズレた」子供は画一的な集団から外れているがゆえに悪である，という論理が用意されている。　最近の大学生には「ダサ」く「クライ」人を嫌う，また「オモイ」話題を避ける傾向がある。ダサイ，オモイ，クライことの善悪は別にして，そのようなレッテルを貼って一律にそれらを排除することの背後には画一性の考えがある。価値観は多様化するよりもむしろますます一様化するように見える。「ガイジン」という言葉は画一性志向の産物であると同時に「ウチ意識」の産物でもある。少しでも異質なところのある人間をひっくるめてネーミングする仕方の背景には日本はウチ，それ以外は皆ソトだという考え方が見える。ガイジンといっても彼らは朝鮮人であり，英国人であり，ブッシュマンである。しかし（日本人にとって）差違は問題ではなく重要なのは日本人であるか否かである。
　　画一性志向，ウチ意識は「国内人」としては美徳と考えられることが多い。確かに一集団内では全体の和が保たれ，連帯感は強まるだろう。しかし国際人たることが以前にも増して求められている今日，日本人の美点が時には国際化の妨げになっていることはもはや看過できまい。

▶▶ レジュメ

日本人の国際化を阻害する要因
1. 画一性志向（例　いじめを肯定する先生，クライ・ダサイを嫌う大学生，外国人をひとまとめにして「ガイジン」と呼ぶこと）
2. ウチ意識　（例　日本人はウチ，ガイジンはソト）

　……これらは「和を保つ国内人としては美点」だが日本の国際化には妨げ

▶▶ 要約文

日本人の国際化を阻害する要因は二つあり，それは画一性志向とウチ意識である。これらはいずれも和を保つことを尊重する国内人としては美徳とみなされるが，「皆と同じ」を重んじすぎて違いを受け入れられなかったり，ウチとソトを分けてソトを排除してしまったりすることが日本の国際化の妨げとなっている。（143文字）

Exercise 5

(1) 次の文を読んで重要なところに下線を引いてください。
(2) さらにその中で本当に重要だと思うところにマーカーで色をつけてください。
(3) 結論の部分を枠で囲んでください。

生きるって何だろう

　学生時代から悩み、いい大人になった今も解決できない疑問がある。それは、「生きるとは何か」だ。学生時代から考えているのにまだ答えが出ない。ところが最近、「こんなふうに考えてはどうだろう」と思うことが出てきた。それは「生きることはつながること」という考えである。

　グーグル検索ではキーワードを入れて「検索」ボタンを押すと、ウェブサイトのリストが画面に並ぶ。的外れなものもあるが大抵は求めるものに近いサイトが上位に並ぶ。なぜか。それはグーグルがサイトにランキングを付けているからである。ごく大ざっぱに言うと、たくさんリンクが張られているサイトほどランクが高く、画面最初の方に表れる仕組みだ。

　さて、生きるとは何か。生命現象ということで言えば、生物学で説明ができる。しかし、それだけでは何かしっくり来ない。生きるとは何かという問いの中には往々にして「自分が」という主語が隠れているからだ。「生きるとは何か」は「自分とは何ものか」という問いと重なり合っている。

　この問いを、グーグル方式で考えてみることにした。グーグルは問いに対する答えを、リンク数をもとにしたランク付けで表す。リンクこそ命、だ。同じように考えると、自分は誰と、また何とつながっているのか。それを探っていくと自分の生きている状況や生きている理由が見えて来る。

　人間はウェブサイトと同様に、無数のネットワークの中に位置付けられた存在である。家族とのリンク、友だちとのリンク、部活のリンク、学科のリンク、同窓会のリンク、フェイスブックのリンク、バイトのリンク、同じ電車の乗客というリンク、あるスーパーの客同士というリンク、同じ洗剤の使用者というリンク……永続で強い関係から、一時的な弱い関係のものまでさまざまなものがある。リンクしているのは人間だけというわけではない。他の動物、植物、非生物、森や地球、ときには架空のものなどとも私たちはリンクしている。

　「私」はこうしてさまざまにリンク付けられたネットワークの真ん中にいる。したがって自分の属するネットワークをひとつひとつ拾い上げ、そのリンクを分析すれば、自分というものの存在が浮かび上がって来る。ただ、現在のところグーグルのようにリンクを定量的に算出し、ランク付けすることは難しい。しかし、定性的にとらえるだけでも傾向は見つけ出せそうである。

　絵にしてみよう。まず自分を真ん中に描く。そこに自分とリンクするものを書き足していく。自分とそれらを線で結ぶ。それら同士も関係があれば線で結ぶ。関係のあるもの全体を枠で囲む。自分を中心にいくつもの円が重なり合う。描いているうちにどんどん新しいリンクが見えてきて、この作業はきりがない。しかし、ネットワークの中に生きている自分の姿がビジュアルに見えると、それがいくら多岐にわたる複雑なものであっても、心のなかが整理されていく。

　「生きるとは何か」という問いに対して、これがどこまで正解を提供できるのかはまだ分からない。その方法ももっと精緻なものにしていかなくてはならない。しかし、若いときは観念的に過ぎて失敗してきたが、具体的にしてみることで答えに近づく糸口が見えたように思う。

（出典：伊藤義之「生きるってなに」天理大学広報誌『はばたき』第10号、2010年）

5章 読むテクニック5

(4) この文章のレジュメを作ってください。

(5) この文章の要約文を書いてください（文字数は200文字以上300文字以下）。

6章 書くテクニック1 三つのステージ

レポートを書くには次の三つのステージ（段階）があります。

> ステージ 1：アイデアをためる
> ステージ 2：アイデアを並べ替える（似たもの同士グループ化する）
> ステージ 3：グループの中を階層化する

ステージ1から2，3へと進んで行きますが，進んだり戻ったりするのは自由です。行きつ戻りつしながら書き進めます。

▶▶ ステージ1

レポート作成で最初にやるべきことは，いきなり文章を書き始めることではありません。まずはアイデアをためていく（＝アイデアメモを作る）ところから始めます。すなわち，何か思いついたら即，書きとめるということです。ステージ1では，**いつでも，どこでも，何でも**書きましょう。自分にだけ分かればいいのですから表現は気にしないで，なるべくたくさん書きましょう。人に読ませることを意識しませんから，頭に浮かんだ自分の考えも本に載っている事実や他人の考えも一緒にして構いません。取るに足らないと思うこともすべて書きとめます。頭に思い浮かんだことはぼやぼやしているとどんどん抜けていきます。思いついたらすぐに書きとめましょう。

▶▶ ステージ2

集まったアイデアを並べ替える段階です。ステージ1で書きためたものをよく見て，似たもの同士をくっつけていきます。並べ替えのルールは「似ているものをグループにすること」だけ。何がどう似ているかはお構いなしに，自分が似ていると思ったらくっつけていきます。

▶▶ ステージ3

このステージでは階層化をします。階層化とは似たもの同士まとめたグループの中で，さらに上下関係をつけることです。ここまで来るとレポートの全体像が少し見えてきます。

▶▶ 三つのステージは行ったりきたり

アイデアがたまると似たもの集めのステージに入ります。でも似たものを集めているときもふとアイデアを思いつくことがあります。出てきたアイデアはアイデアメモに入れます。書く作業はけっして一方通行ではありません。並べ替えたり階層化したりして，ある程度全体像が見えたあとの方がアイデアも出やすいので，各ステージを行ったり来たりしながら進めていきます。

Exercise 6

(1) 今一番関心のあることを一つ挙げてください。好きなスポーツ，お気に入りの芸能人，旅行で行きたいところ，気になる事件など何でも構いません。
(2) 関心のあることについて，疑問を一つあげてください。できるだけ具体的な疑問の方がいいです。
(3) その疑問に対して，自分なりに答えを考えてみてください。

【例】
(1) スポーツ（野球）
(2) 野球はバスケやアメフトなど他のスポーツに比べてなぜ日本で早くから人気が出たのだろうか。
(3) 他の競技のように攻守が激しく入れ替わったりせず，テンポがゆっくりしているためにプレーの中に日本人独特の「間合い」を入れられたからではないか。

---

(1)

(2)

(3)

7章 書くテクニック2 ステージ1：何を書く？

　何を書いたらいいか分からない。レポートを書こうとするとき，これが一番悩む点です。レポート課題のなかにはテーマが与えられ，それに関する資料集めから始めるものもあります。しかし卒論も含め，大半のレポート課題は，テーマを自分で見つけるところから出発します。与えられたとしても大枠しか与えられず細かなところは自分で決めなければなりません。よほど普段から準備をしていないと「レポートを書け」と言われて「はい。ではこれこれについて書きます」と手際よく応じられる人はいません。ならば準備をしましょう。課題が発表され，締め切りが設定されてから準備を始めても遅くはありません。

　頭の中であれこれ悩むと難しくなってしまいます。準備とは，次に掲げたことを**書きとめること**です。

> - ふと思いついたこと
> - 生活の中で目についたこと
> - 日ごろ見たり聞いたりして感じること
> - 日常から疑問に思っていること
> - 主張したいこと
> - 読んだ本から刺激を受けたこと
> - 興味のあること

　それがレポートや論文になるかならないか，考える必要はありません。とにかく書きとめ，スマホやパソコンに残しましょう。最初はレポート課題が出てからでもいいですが，だんだん慣れてくればレポートという具体的な目的がなくても普段からアイデアメモを作ってためておく習慣をつけましょう。身の回りのことに疑問や興味を持つきっかけになりますし，レポート作成は一回だけではないので，こうしておくときっと近い将来役に立ちます。

▶▶ 最初からテーマを決めない

　書きとめるときはレポートのテーマにすると考えないで，なんとなく思っていることをなんとなく書きとめます。書いているうちにアイデアメモがたまってきて，それにつれてテーマになりそうなものがだんだんと見えてきます。

　テーマを決め，章立てをして，それから書き始めなさいとする文章指導もありますが，私は賛成しません。人間の頭の中はそんなに都合よく整理されていません。アイデアが浮かんでは消え，浮かんでは消えしているのが普通の人の頭の中。ゴチャゴチャの頭の中の断片を，断片のまま取り出して書きとめるところから作業を始めましょう。最初にできるのはそうしたアイデアの**水たまり**です。すぐにはレポートという大きな流れになりません。小さな流れがちょろちょろと流れる程度でしょう。それをいくつも束ね，支流から本流にしていく中でテーマができ上がっていくのです。大きな流れが見えるまではテーマを絞らない。何でも思いついたアイデアは書きとめましょう。**その**

うち流れは見えてきます。水たまりをどうやって流れにしていくかは次の課題です。

▶▶ 必ず書きとめる

　子どもの頃，作文の課題で苦労した人は多いはずです。言葉をしぼり出しながらいくら書いても，なかなか指定文字数に達しませんでした。でもこれからいう方法を採ると，文字数オーバーして削るのに苦労するようになります。秘密があるわけではありません。何でもとにかく書きとめる。それだけです。重要なのは形にとらわれないことです。レポートの材料なんだと意識しないことです。

- 書きたいことから書く
- 思いついた形で書く
- 箇条書きにする
- 長い文，短い文がまじっても構わない
- メモでも単語でも文章でも構わない
- 話題があちこちに飛んでも構わない

こうして作ったアイデアメモがレポート作成の最大の財産になるのです。

▶▶ とにかく書きとめること

　いくらいいアイデアがひらめいても書きとめなければ忘れてしまいます。だからいつもメモできる体制をとっておきましょう。一番いいのはノートPCやタブレットを持ち歩くことですが，携帯やスマホの音声入力でメモ帳に入れておくのもよい方法です。手帳など紙に書くのもいいのですが，紙だともう一度PCに入力する必要があるので二度手間になります。

▶▶ 頭を記憶に使うのはもったいない

　メモを取るときは，すぐに書きましょう。頭の中で整理してから書くのは順番が逆。書くことで頭の中が整理されるのです。人間の記憶容量はたかが知れています。次に興味があることが出てくると前のことはすぐに忘れてしまいます。忘れるのを防ぐために書きとめましょう。そうして脳の負担を減らします。書きとめないでいると覚えることに脳の働きが集中し，新鮮なアイデアが出てきません。書きとめたらそのことはきれいさっぱり忘れられるので，新しいことに頭が働きます。頭は覚えるためでなく考えるために使います。

▶▶ 体裁にこだわらない

　「書くこと」と「伝えること」は違います。書くことは自分のため，伝えるのは読む人のためです。書くときは一切体裁をかまう必要がありません。体裁が重要なのは伝えるときです。この二つをきちんと区別しておきましょう。文章の表現方法は伝えるときに考えればよいことで，書く段階ではどんなおかしな表現でも構いません。変な文だと思っても，文法が間違っていても，主語と述語が対応していなくても，一切気にすることはありません。メモのリストを読むのは自分だけ。体裁より忘れないうちに書きとめることが大事です。

　次にあげたリストは「間（ま）」という言葉をテーマにして私がある雑誌に掲載するために原稿を書いたとき，最初に作ったアイデアメモの一部です。ここには単語も本の名前もふと思ったことも英語の訳語も，そして自分の中に湧いてきた疑問もあります。形にこだわらず思いついたことを体

裁に構わずに書きました。

> - ま
> - あいだ
> - かん
> - けん
> - はざま
> - 「間」には読み方がたくさん
> - 人間
> - まぬけ
> - まおとこ
> - まじゃくにあわない
> - 「人と人との間」木村 敏
> - 新人の漫才コンビはたいてい間の取り方が下手。間がいいだけでネタはそれほどでなくても笑える。ネタより間の方が大事か？
> - 英語 space, interval, relationship, between, timing ……ほかにないか
> - 間に合ってますはどうして断り言葉？　売りに来るのは間に合うもの？　間に合うとは何だ？

▶▶ 漢字変換にとらわれない

　アイデアメモを作るときは是非スマホやパソコンなど電子機器を使いましょう。入力する文字がひらがなばかりでも，漢字変換を間違っても気にしないことです。変換に手間取っているひまはありません。正確な表現にこだわっているとそちらに気を取られて頭の中に浮かんだことが半分消えてしまいます。思いつくままにひらがなだけでどんどん入れてしまいましょう。間違った表現はあとから修正します。アイデアの泉からの水が途切れてきたときに修正作業をしましょう。それが気分転換になって，そこからまた新しいアイデアがわいてきます。

▶▶ 一つのことにこだわらない

　アイデアがわき出すとどんどん調子が出てきます。けれども好調はいつまでも続きません。少しでもアイデアにつまったらそこで悩んでいてはいけません。気持ちを切り替えて違うことを考え，違うことを書きましょう。一つのことにこだわらず，別のメモを見たり，パラパラと本をめくってみたりしましょう。ただし読む方にのめり込んではいけません。大事なのは書き続けることです。書くという「慣性」がついている間は，一つのことのアイデアに詰まっても別のことなら書けるものです。アイデアメモを書き続けましょう。

　そのときは以下に示す二つのルールを守ります。

▶▶ その1. 行を変える

　あちこちに目が移る中で書きとめたアイデアはばらばらで，多種多様なものになっているはずです。混乱を防ぐため，別のことを書くときは必ず行を変えましょう。一つの単語で一行を使うこともあります。一項目で数行にわたるものもあります。話題の始まりが見分けやすいように行頭に記

号をつけます。

▶▶ その2．アイデアを大小に分類

記号は何でも構いませんが，目立つものにしましょう。使う記号は二種類です。私は大きなアイデア（抽象的なアイデア）には「■（黒四角）」，小さなアイデア（具体的なアイデア）には「・（なかぐろ）」をつけます。たとえば快眠に関するアイデアの例を上げます。

```
■寝具
・枕
・ベッド
・布団
・枕が変わると眠れない
■人間に睡眠は不可欠だ
・二段ベッドは下にいると上の人が気になるが，上は気にならずによく眠れる
```

このようにいくつかアイデアが出てきたらどんなに短いものでも一つ一つ行を変えて書き，行頭には記号をつけます。この七つはどれも快眠に関するアイデアですが「寝具」と「人間に睡眠は不可欠だ」は抽象的なことを言っており，その他の五つは具体的なことを言っています。そこで抽象的なものには■をつけ，それ以外には・をつけました。

アイデアには大きなものと小さなものがありますが大小の区別は主観で決めます。大きいと思ったら■，小さいと思ったら・をつけます。厳密に考えることはありません。分類はあとで好きなだけ変えられるので思いつくままに■や・を頭につけて，アイデアを書きとめましょう。アイデアを最初から二種類に分けておくと自分の考えを立体的に見ることができ，アイデアの階層化につながります。

▶▶ 頭ではなく手を使おう

アイデアの泉はいつまでも水を出し続けてはくれません。突然枯れることもあります。頭の中だけであれこれ考えるには限界があり，堂々巡りを繰り返すだけです。そんなとき頭を使わずに手を使いましょう。インターネットです。書きとめた自分のアイデアをキーワードにして検索してみてください。意外な視点からのデータや意見が見られて大いに刺激を受けます。参考文献も難なく見つかります。参考文献は書店や図書館のサイトで探すとは限りません。むしろインターネットで自由に探した方が個人の感想つきの本紹介ブログなどが見つかり，役に立ちます。

「書くテクニック」というキーワードでインターネットを検索したところ，たちどころに以下のようなサイト（ホームページ）が見つかりました（http://www.google.co.jp による）。

迷わず書くための文章術まとめ：注目を集めるテクニックとは
軽快な文章を書くテクニック｜工業系エンジニアライター　石川玲子
書き方ができる人コム――うまい文章の書き方が学べるサイト
文章を上手く書く10のコツ。伝わる文章は良いコミュニケーションを生む
簡潔に書くコツは「友達に話すように」，ニュースコンサルタント直伝の文章術

物書きのプロが実践する「読ませる文章」を書く技術
（以下にも多数あるが省略）

一つ一つそのサイトに行って中を覗いてみると，ブログ，ビジネスメール，シナリオ小説，名文を書くテクニック，試験の小論文を書くテクニックなどが紹介されています。発信元は大学教員やプロのライター，著述業，小説家など幅広いものがあります。こうした多彩な情報が簡単に手に入るのがインターネットの魅力です。

中には自分が探していたのとは違う方向のものも含まれます。が，見当違いだと思っていたものが意外と役に立ったりするのも面白いものです。こうして書きとめるアイデアはますます増えていきます。

インターネットで見つかったもの，画面を見て気づいたこと，考えたことはすかさずアイデアメモに加えます。インターネットの画面から刺激を受けるとアイデアの泉からはまた水がわき始めます。

Exercise 7

(1) *Exercise 6* であげた，一番関心があることについて最低10個のアイデアを出してください。単語でも文章でも引用でも絵でも形式は自由です。ただし，一個一個のアイデアは分けて，箇条書きにしてください。

(2) 出したアイデアを大きいアイデアと小さいアイデアの2種類に分け，大きいアイデアには行頭に■を，小さいアイデアの行頭には•をつけてください。

8章 書くテクニック3 ステージ2：似たもの探し

たとえば「秋の果物について」というテーマでアイデアを考えたとします。ステージ1では次のような10個のアイデアが集まりました（説明の便宜上ナンバーリングをしていますが，実際のアイデアの頭に数字はつけません）。

- 1 りんごは甘い
- ■2 柿には甘柿と渋柿がある
- 3 りんごはおいしい
- 4 りんごは赤い
- ■5 りんごは寒い地方でとれる
- 6 柿はつやつやしている
- 7 柿は鳥に狙われる
- 8 青森はりんごの産地
- 9 りんごはさわやかな味だ
- ■10 柿の実は目立つ

書きためたアイデアメモが10個以上になると次のステージに進みます。ここにあるアイデアの水たまりから流れを見つける作業です。流れを見つける特別な技術があるわけではありません。**似たもの同士をまとめること**，それだけです。アイデアの順序を入れ替えていく中で自然とシナリオ（伝えたいことの流れ）が見えてきます。

▶▶ 似たもの同士でまとめる

「似たもの」の厳密な基準はありません。自分の判断で似ていると思うものを一緒にします。パソコンの移動機能を使います。似たアイデアの一つを切り取り，もう一つのアイデアのそばに貼り付けます。これをすべてのアイデアについて行います。いくつかのグループができあがるので，それぞれのグループに名前をつけます。アイデアの中にはどのグループにも属さないものも出てきますが，それは「その他」グループということにします。

◎「りんご」グループ
- 1 りんごは甘い
- 3 りんごはおいしい
- 4 りんごは赤い
- ■5 りんごは寒い地方でとれる
- 8 青森はりんごの産地
- 9 りんごはさわやかな味だ

◎「柿」グループ
- ■2 柿には甘柿と渋柿がある
- 6 柿はつやつやしている
- 7 柿は鳥に狙われる
- ■10 柿の実は目立つ

▶▶ 気分が変わればグループを自由に変更

別の基準で似たもの同士をくっつけたくなったらそれもよいでしょう。パソコン上なら簡単に「切り取り」「貼り付け」ができますから。たとえば次のようにグループをまったく変更してしまっても構いません。

◎「味」グループ
- 1 りんごは甘い
- 3 りんごはおいしい
- 9 りんごはさわやかな味だ
- ■2 柿には甘柿と渋柿がある

◎「見た目」グループ
- 4 りんごは赤い
- 6 柿はつやつやしている
- 7 柿は鳥に狙われる
- ■10 柿の実は目立つ

◎「その他」グループ
- ■5 りんごは寒い地方でとれる
- 8 青森はりんごの産地

大切なのは実際に並べ替え，そしてそれを眺めてみることでまとまりを実感することです。自分で書いたものでも並び方が違うと少し見え方が違います。見ているうちに何が足りないかが見えてきて，付け加えたいアイデアがわいてきます。

▶▶ シナリオに入るもの，入らないもの

並べ替えでグループ分けをしていくと，どのグループにも入らないものが出てきます。これらはシナリオの本筋からはずれたものですが，捨ててしまわないで「その他」としてまとめて一つのグループに分けておきましょう。案外とこれらが別の視点を与えてくれたりするものです。シナリオを整えていく段階で，使えるものがないかどうかときどきは「その他」グループをチェックしましょう。

Exercise 8

(1) Exercise 7で集めたアイデアを似たもの同士いっしょにし，いくつかのグループに分けてください。
(2) グループにそれぞれ名前をつけてください。

9章 書くテクニック4 ステージ3：階層化

　ステージ3はグループの中を階層化することです。アイデアメモを作る際アイデアの大小で行頭の記号を変えました。この大きいアイデアが上の階層，小さいアイデアが下の階層になります。これに基づいて階層を作ります。

　　ステージ1　まず大小に分けてアイデアをためる
- 1　りんごは甘い
- ■2　柿には甘柿と渋柿がある
- 3　りんごはおいしい
- 4　りんごは赤い
- ■5　りんごは寒い地方でとれる
- 6　柿はつやつやしている
- 7　柿は鳥に狙われる
- 8　青森はりんごの産地
- 9　りんごはさわやかな味だ
- ■10　柿の実は目立つ

　　ステージ2　並べ替える（似たもの同士くっつける）
　（りんごグループ）
- 1　りんごは甘い
- 3　りんごはおいしい
- 4　りんごは赤い
- ■5　りんごは寒い地方でとれる
- 8　青森はりんごの産地
- 9　りんごはさわやかな味だ

　（柿グループ）
- ■2　柿には甘柿と渋柿がある
- 6　柿はつやつやしている
- 7　柿は鳥に狙われる
- ■10　柿の実は目立つ

29

9章 書くテクニック4

<u>ステージ3　くっつけたものを階層化する</u>
（りんごグループ）
- 1　りんごは甘い
- 3　りんごはおいしい
- 9　りんごはさわやかな味だ
- 4　りんごは赤い
- ■ 5　りんごは寒い地方でとれる
  - 8　青森はりんごの産地

（柿グループ）
- ■ 2　柿には甘柿と渋柿がある
- ■ 10　柿の実は目立つ
  - 6　柿はつやつやしている
  - 7　柿は鳥に狙われる

▶▶ 足りないものを考える

階層化した図をみると足りないものが見えてきます。上の例では

> ■2の下に具体的な例が何もない
> ■5も具体例が一つしかない
> 柿グループにもりんごの■5のように産地の話があってもよい
> ・1，・3，・9の小アイデアグループにはグループ名（大きいアイデア）がない

などです。これでアイデアを出す方向が見えてきました。欠けているところを集中的に考えましょう。たとえば「■2柿には甘柿と渋柿がある」の下には渋柿の渋抜きの話をアイデアとして思いつくかも知れません。「1りんごは甘い」「3りんごはおいしい」などの小さいアイデアの上に「■リンゴの味」という大きいアイデアを思いつくかも知れません。

ステージ3の階層化ができてきても，またステージ1に戻ってアイデアを増やしたり，ステージ2に進んでアイデアを並べ替えたりします。三つのステージは行ったり来たりします。そうしているうちに徐々に流れ（レポートのシナリオ）ができあがっていきます。

Exercise 9

(1) *Exercise 8* でグループ分けしたものを大きいアイデアと小さいアイデアに階層化してください。

(2) グループの順番を考えて，並べ直してください。

(3) 階層化したものを見ながら，足りない部分のアイデアをさらに考え出して付け加えてください。

10章 伝えるテクニック1 誰に伝えるの？

　書くテクニックとは，頭の中にあるものを表に引き出してきて整理する方法でした。そこに書かれたものは自分に分かるだけでよく，人に分かってもらう必要がないので体裁に構うことがありません。しかし，伝えるテクニックはこれと逆です。伝えるとは自分の意図を正確に相手に理解してもらうことです。そのために体裁に徹底的にこだわる必要があります。同じ文字を書くにしても，書くテクニックと伝えるテクニックはまったく別のものだという心構えを持ってください。

▶▶ 正確に伝えるテクニック

　意図を読む人に正確に伝える工夫には文章構造を整えることと表現方法を整えることがあります。文章構造とは文を書く順序，表現方法とは文字の遣い方です。これらを工夫して伝わりやすさを心がけます。誰でも自分の真意はきちんと相手に伝えたいものです。面と向かった会話や LINE は相手の反応を見ながら表現するので，うまく伝わっていないと思えば即座に修正や補足ができます。しかし，文章は一方通行の伝え方なので，相手の反応で表現を変えることができません。いわば一発勝負です。そのために最初から構造や表現を整えておくことが肝心です。

▶▶ 読者を知る

　日記以外の書き物には必ず読者がいます。読者を知ることが正確に伝えるための大前提です。自分は誰に対して書いているのか，その読者は何を知っていて，何を知らないのか，しっかりと意識しましょう。読者の知識レベルを考えると自分の書く文章に対して客観的になれます。

▶▶ 幼稚園児に「義務教育」

　某ラジオ局で行っている「子ども科学電話相談」で幼稚園児が「人はなぜ生きられるのですか」という質問をしました。子ども独自の視点からのとてもおもしろい質問です。

　その日の回答を担当した，大学で教鞭を執っている生物学者は「呼吸をして酸素を取り入れているから」とか「義務教育を受けて社会に出ていく仕組みになっているから」「食べたものから栄養が吸収されるから」という表現を使って答えていました。相手は幼稚園児です。義務教育就学以前の段階の子どもに義務教育の理念も雰囲気も分かるはずがありません。言葉すら初めて聞いたものでしょう。質問をした幼稚園児は「はい」「はい」と生返事をしながら聞いていましたが，ちんぷんかんぷんだったに違いありません。

　これは私がラジオで耳にした実話です。生物学の分野では権威も経験もある人物でしょうが，これでは子ども向けの回答者としては失格と言わなければなりません。回答者は話し方を友だち口調にするだけでなく，幼稚園児の知識のレベルを考えてよりかみ砕いた表現をするべきでした。これは極端な例ではありません。レポートにもこの種の，本人が理解しているのかどうか怪しいような高等な専門的概念を注釈なしで使ったり，逆に分かり切ったことを詳細に説明してみたりといった，読者のレベルを考えないものがよく見られます。

　大学などでレポートを書くときの読者はおもに担当教員です。したがってその分野で常識的なこ

とはくどくどと説明する必要がありません．反対に，高等な専門用語は自分自身が理解していることを示すためにもきちんとした説明を加えましょう．レポートが担当教員の分野とは別の分野の成果を報告するものである場合や読者に教員だけでなくほかの学生も含まれる場合は，詳細な説明が必要です．読者に応じた表現を心がけましょう．

Exercise 10
同じことをいろいろな人に伝える場合は相手によって表現が変わります．

伝えるべきこと：これまでの経緯と現在の心境

　小さい頃から一日も休まず努力を続けついに五輪の代表の座を勝ち取ったが，悪い偶然が重なり直前の練習中に左足のアキレス腱を損傷してしまった．痛みをこらえて無理をすれば出場は可能かも知れないがそうなると選手生命が断たれる危険性がある．まだ競技生活を引退する年齢でもなく将来を考えると代表は断念した方がよいが，今回限りなら出られそうでもある．迷ったあげく，代表は辞退することにした．

伝えるべき相手1：コーチに

　この度の五輪代表の座ですが，今回は返上する決断をいたしました．医者との相談の結果アキレス腱の損傷は完治するものであり，いま無理をすると今後の競技生活ができなくなる危険性があるとのことでしたので，将来を考え断腸の思いで出場を断念いたしました．これまで非力な私を五輪代表にまで育て上げてくださった先生のご恩に報いることができず，まことに申し訳ありません．しかし次期五輪には必ず代表になりこの悔しさを晴らしたいと思いますので，今後ともご指導ご鞭撻をよろしくお願い申し上げます．

伝えるべき相手2：小学校低学年の妹に

　お兄ちゃんはね，こっちでもうすぐ始まるオリンピックに出ることになっていたんだけど，足をけがしてしまったんだ．だからこの次のオリンピックに出ることにして，こんどのには出ないことにしたよ．おいしゃさんが「むりをしたらもうなおりませんよ」と言うから，ほんとにものすごくざんねんで泣きたいぐらいなんだけど，いまはがまんする．でも足がなおったらもっともっと練習して，きっとこの次のオリンピックでは勝つからね．お兄ちゃんをおうえんしていてね．

伝えるべき相手3：親しい友だちに

　悔しい．やっとつかんだオリンピック代表なのに，アキレス腱を痛めてしまって出られなくなってしまった．誰かのせいというのではないけれど，悪いことがいろいろと重なってね．医者は「絶対に出場が無理だとは言えない．けれど，そのために選手生命を断つ可能性がある」と言うんだよね．俺はこのためにこれまで死ぬ気で練習してきたから何としてでも出場したいと思ったんだけど，まだまだ将来のことを考えるとここで終わってしまっていいものかと考えた．そして次の可能性があるのならそれに賭けようと思った．すぐ目の前にあるものをあきらめるのはつらいけど，これをいい試練としてきっときっとリベンジするからな．

10章 伝えるテクニック 1

では，この伝えるべき相手が自分の母親だったらあなたはどんなことばで伝えますか。事実は事実として伝え，母親に向けているのが分かるように感情も込めて言ってください。

11章 伝えるテクニック2 句点・読点・段落

▶▶ 句点は多く，読点は少なく
　分かりやすい文章を書くコツは句点を多く，読点を少なくすることです。句点とはまる（。）読点とはてん（，）のことです。

　句点を多くするとは短い文を書くということです。会話では長い文をだらだらと続けても，文の内容が首尾一貫していなくても許されます。何となく雰囲気で分かってしまったり，質問することで曖昧な点が解消されたりするからです。が，文章ではそうはいきません。読者の推測を必要としない，明瞭な文こそがいい文です。そのために文の長さは短くしましょう。

　句点のルールは文の終わりにつけること，とはっきりしています。それに対して読点の明確なルールはありません。文を読みやすくしたり誤解を避けたりするのに使います。たとえば，次の文を見てください。

「私は昨日父と母を病院にお見舞いに行った」

これは読点のつけ方で意味が変わってくる悪文の典型です。入院しているのは誰でしょう。「私は昨日父と，母を病院にお見舞いに行った」なら入院しているのは母一人。「私は昨日，父と母を病院にお見舞いに行った」なら両親が入院していることになります。自分では分かっているつもりでも受け取り方によって文意が変わってくる文には読点を使って誤解を避けるようにします。

　簡潔で短い文がいい文です。どれぐらい短い文がいいでしょうか。めやすは「一文に読点が一つまで」です。たとえ文意がはっきりしていて論理的であっても，長く続く文は読者に根気と集中力を強制します。また短い文であっても，分節ごとに読点がついている文はプツプツと途切れた感じで読みにくいものです。いずれにしても読点がいくつもある文は書かないことにしましょう。読点が二つ以上になるときは文を分けます。ただし，

「この遺跡が見られるのは本州では栃木，茨城，群馬，埼玉の北関東に集中している」

のように，単語をいくつか並べるときはいくつもの読点を使っても構いません。並べられた言葉を区切る目的で使われていて，読点の役割が違うからです。

▶▶ 段落は適度な長さに
　文章は適度な長さの段落に分けて書きます。話題が変わるときには段落も変え，意味のまとまりを分かりやすくします。役割ごとに段落を変え，各段落に小見出しをつけると読みやすい文章になります。

▶▶ 段落とは
　段落とはひとまとまりの話を述べるための文章の区切りです。いま読んでいる文章もそうですが，最初の文字を一文字下げて書き始めます。文章はごく短いものをのぞいて普通いくつかの段落に分けられます。びっしりと文字が詰まった文章は読みにくいですし，長い文章がまとまりごとに分け

て書かれていると読者は理解しやすくなります。

▶▶ 段落の適当な長さとは

　一つの段落はどのぐらいの長さが適当でしょうか。長すぎるのは読みづらいし，短すぎるのは話の流れがプツプツと切れた印象を与えます。日本語の段落の使い方にきちんとしたルールはありませんが「一つの段落に一つの話題」を原則として，話題が変わるときに段落を分けるのがよいでしょう。ただし一つの段落が長くなったときはこの原則に従わないで段落を分けることもあります。一つの段落が長く続くのは読みづらいので，そこは柔軟に考えて構いません。

▶▶ 一つの段落に一つの役割

　段落にはいろいろな役割があります。結論を述べる段落，根拠や理由を述べる段落，実例を挙げる段落，考察を述べる段落，違う意見を紹介する段落，疑問点を述べる段落，議論をする段落などです。各段落の役割をはっきりさせましょう。今書いている段落にどのような役割を持たせているのか意識していれば，段落の区切りに迷うことはありません。段落ごとに役割がはっきりしていれば読者も文章が理解しやすくなります。

▶▶ 小見出しも有効

　段落ごとに小見出しをつけるのも親切です。見出しで内容が前もって推測できる方が，見出しがない文よりも中味を読んでもらいやすいものです。見出しをつけると段落の区切り＝話の区切りが目立つということもあります。こういった理由でこのテキストにも各段落に（すべての段落ではありませんが）小見出しをつけてあります。

Exercise 11

(1) 句読点を二つずつ補って，次の文を分かりやすく書きかえてください。

> 　会話では長い文をだらだらと書き続けても文の内容が首尾一貫していなくても何となく雰囲気で分かってしまったり質問したりできるから許されるけれども文章ではそうはいかないので読者に分かりやすいように句読点はしっかりとつけるようにする

(2) 次の文を，分かりやすく書き直してください。これだけでは情報不足だと思えば，ここに示されていない自分なりの情報をつけ加えても構いません。

　山間部に降った雨は大量にダムに貯まった水を徐々に放水するけれどもその後も洪水の可能性はあるだろうか。しばらく河川敷のキャンプや魚釣りは禁止されている。

12章 伝えるテクニック3 論理的な表現方法

▶▶ 論理的な文章，情緒的な文章

　レポートは論理的な文で構成されています。論理的な文章とは読んで納得できる文章です。論理的な文章では何らかの主張がその根拠とともにあげられています。それに対して，情緒的な文章は頭で納得するよりも気持ちで共感できる文章です。たとえば会話やエッセイ，小説はほとんどが情緒的な文章で成り立っています。情緒的な文章の目的は理解させることよりも共感させることにあります。レポートは読者に論理的な理解を求める文章であるべきです。一つ例を挙げてみましょう。女性が友だちに電話しています。

> ねえ聞いて，うちのダンナったらひどいのよ。この間，中学校の時の同級生の男の子と偶然会ったので喫茶店に行ったんだけどさ，そんなことぐらいで怒って離婚だ何だって言うのよ。最初は冗談かと思ったんだけど，半分本気みたいなのであきれちゃう。「これからは誰とどこで会っているのかメールして」だって。どう思う？自分だって昔の彼女の連絡先をまだ携帯に残していて，たまに連絡しているみたいなのよ。この間デートの時どうもその子からメッセージが来たみたいで，こそこそしてるから「誰から？」って言っただけでどぎまぎしちゃっておかしかった。まあ私も結婚前につき合っていた彼とはときどき会うこともあるけどさ，元彼と会っているとかメッセージ交換しているとかは絶対バレないようにやるわ。そのとき会った同級生の子とは別につきあってた訳でもないから，会ったって軽く言ったんだけどまさかそんなことで怒り出すなんて，信じられないでしょ。まあ，帰るのがちょっと遅くなって午前様になっちゃったけどさ，ファミレスで話してたぐらいでなんでそんな言い方されなきゃいけないのよ。「君にはこういうことが何度もある」って言うけどさ，何時に帰ってくるか分からない帰りの遅いダンナを待って毎晩毎晩一人で起きて待っていろって言うの。たまには息抜きで週に一回ぐらい，いいと思わない？

　あなたはどう思いますか。彼女の言い分は身勝手で納得しにくい部分もあります。聞いているのが彼女に同情的な人であればその迫力に押されて「そうね」と言ってしまうかもしれません。しかし第三者としては理解しにくい点が多くあります。そこで，誰にでも理解してもらうには「結論を明確に」し「主張の根拠」をあげ「曖昧さを排除」し「不利な点は言わない」といった技術が必要になります。これがまさにレポートにも必要な技術です。

（結論）
　「ダンナは身勝手で，横暴である」

（根拠）
　私の夜間外出は週に一回程度である
　単に同級生と偶然会っただけでしかもそれを正直に言っている
　普段ダンナの帰りが遅い
　ダンナには行動に不審な点がある

(事実を曖昧にしない)
 　　同級生と会ったのは喫茶店かファミレスか
 　　ダンナは昔の彼女と連絡を取り合っている

 (敢えて不利な点や結論と無関係なことは言わない)
 　　自分が元の彼氏とときどき会ったりメール交換したりしている
 　　帰った時間がかなり遅い

以上のことを踏まえ，論理的な文章にしてみましょう。

> 　うちのダンナ，実はかなり横暴な人だったのよ。最近のことなんだけど，私が同級生と会ってちょっと遅くに帰宅したのね。そうしたらすごい剣幕で「これからは誰とどこに行っているのか必ずメールしろ」と言うのよ。私が夜外出するのはめったにないのに，たまたまダンナの帰りが珍しく早かった日に重なっただけなの。彼の方はいつも連絡なしで帰宅時間が不規則，しかもたいてい12時過ぎるのよ。中学校の同級生に偶然会ったのでファミレスで話してて，久しぶりだったので遅くなったと正直に言ったわ。何もやましいことはない。なのに，すごく怒って不審な行動とまで言うの。不審な行動と言うならそれはダンナの方。元カノとこそこそ連絡を取り合っているのを私は知っているから。これぐらいのことで「離婚だ何だ」とまで言うかな。自分にやましいところがあるからじゃないの。彼の方がよほど身勝手よね。

内容がかなり論理的になりました。これだけを読むと「それは彼の方が勝手だ。」となりますね。

▶▶ 説得力を身につける

　論理的表現の基礎を身につけ結論の正しさを納得させる説得力のある文章を作りましょう。論理的の反対の，情緒的なコミュニケーションは相手との関係の中で共感を作りあげることが目的です。論理的なコミュニケーションは相手と自分の関係や立場にかかわりなく，結論を導き出す道筋の妥当性を相手に理解させることが目的です。目的が違うので，どちらがいいとか悪いとかではありません。

▶▶ 日本人のコミュニケーションは情緒的

　日本では伝統的に，自分の主張を明確にせず相手に最終判断を委ねるのが上手なコミュニケーションだとされてきました。断定を避けて語尾に「ほど」や「とか」をつけてぼかし，相手による忖度や察しを求めるコミュニケーションを行うことで人間関係が円滑にいくように配慮してきました。論理的コミュニケーションでは筆者と読者の間の，人間関係への配慮は要りません。必要なのは読者が「なるほど」と頭で納得することです。日本的コミュニケーションの主流は情緒的コミュニケーションなので，多くの日本人は論理的な表現に慣れていません。ではどうすればいいでしょうか。

▶▶ 論理的に表現するための基本

　説得力は一朝一夕に身につくものではありませんが，まずは基本的なことから覚えていきましょう。たとえば次のようなものです。
　① 一つ一つの文が句点で完結していること

句点での完結は重要なことです。会話や個人的な手紙では往々にして文の最後をぼかして曖昧にしますが，レポートでは許されません。
② 読者に判断を任せてしまわないこと
「〜でしょうか」といった疑問形で終わらないようにします。自信を持って断定します。自信がないことは書きません。
③ 各文の主語と述語が対応していること
主語と述語を対応させるのは当然ですが，修飾の多い長い文になると主語と述語の対応関係が分かりにくくなります。修飾をできるだけ控えましょう。やむなく修飾語を入れるときは主語を後ろにずらし述語の直前に移します。文によっては主語がなくていい場合がありますが，最初はできるだけ主語をつけておき推敲の段階でとってよいものを削ります。
④ 前の文と後の文の関係が明白なこと
前後関係に合った適切なつなぎ言葉（接続語）を使いましょう。つなぎ言葉一つで読者は次に来る文章の大意を半ば理解します。「しかし」「あるいは」「一方」「ただし」などが代表的なつなぎ言葉です。
⑤ 事実の記載には5Wと1Hが含まれていること
事実を記載するには客観性と正確さが求められます。5W（いつ，どこで，誰が，何を，なぜ）1H（どうやって）は新聞記者が取材のときに意識すべき，大事なことを見落とさないポイントです。レポートを書くときも同様に意識しておきましょう。以上の五つのポイントを身につけるだけでも文章の論理性は高まります。

▶▶ 最初に結論そして理由づけ

結論は最初に，はっきりと書きましょう。欧米人からよく「日本人の話し方はポイントの周りをグルグル回るだけで，決して核心にはたどり着かない」と批判されます。これは断定を避け，自己主張をしない日本人の美徳です。そのような言い回しを，いいこととしてやっているのです。しかしレポートの場合は欧米人の批判を素直に受け入れましょう。レポートは自己を主張し結論を読者に明確に伝えるのが目的です。

▶▶ まず結論

読者に意図を伝えるためにはまずこちらが何について，どう言おうとしているのかを分かってもらう必要があります。レポートでは周辺的なことから書き進めて結論に至るという書き方をせず，まず結論を書きます。

▶▶ 次に理由づけ

次に結論の根拠や理由となることがらを書きます。具体的事実や他人の意見をもとに，結論の客観的妥当性を示します。根拠となるものはけっして出し惜しみせず，よく分かっていることから先に書きます。図表などでビジュアル化するのも説得力を増す手法です。積極的に使いましょう。

▶▶ 主張と事実をはっきりと区別する

資料や例は具体的に，明確に，事実として書きましょう。結論は自分の主張ですが，根拠や証拠は事実です。そこをきちんと分けましょう。どこが主張でどこが事実なのかが分からない文章はよ

くありません。主張として結論があり，事実として根拠があります。主張は自己の考え，主観です。事実に主観を交えてはいけません。それはあくまでも客観的であるべきです。主観と事実を区別するためにも事実の出所をはっきりさせましょう。文章からとったならば出典を必ず示します。他人の意見ならば氏名を明示します。他人の考えを自分の主張のように見せかけるのは剽窃であり著作権法違反であって，倫理的にも法的にも許されるものではありません。

Exercise 12

この章の最初に出てきた夫婦の会話を思いだしてください。妻だけでなく夫にも言い分はありそうです。では夫の立場から自分の言動の正当性を論理的な文章で書いてみてください。

（結論）「彼女の行動は信頼性に欠け夫婦の基盤を揺るがす」
（根拠）「深夜の外出，男性に会う，居場所を連絡しない」
（主張する相手）「ダンナ自身の友人」

13章 伝えるテクニック4「読者ファースト」

▶▶ 注は少なくする……注はないのがベスト

　注がある文章は読みにくい文章です。本文と巻末や章末とを往復しながらページを繰るのは，読者に負担をかけます。レポートに注はないのがベストです。できるだけカッコもつかわないで書きましょう。注もカッコも思考の流れを遮断し，本論に集中する気持ちをそぎます。注やカッコが少ないと文章の流れがスムーズになり，思考の飛躍がなくなります。レポートを書いているときに注書きやカッコ書きにしたいと思ってもできるだけ本文の中で消化しましょう。全体の論旨から離れてまで是非とも書いておきたいものはそうたくさんあるわけではありません。

▶▶ 本文に無関係の部分は省く

　注を本文に組み込むと言っても，注にすべき文章をすべて入れようとすると冗長になってしまいます。論旨に無関係な部分は切り捨て，最初から書かないようにします。話題があちこちに飛ぶだけでも本論の理解の妨げになります。ページがあちこちに飛ぶ文章は飛んだ先を読んでもらえません。すっきりと一本の道筋をたどっていく文章を書きましょう。

【注つきの文章】

> 　　この様式の建築物ではサグラダ・ファミリア※がその代表である。
> ※サグラダ・ファミリア（聖家族贖罪聖堂）
> 　スペイン，バルセロナにある大聖堂。1882年にビリャールにより設計され工事が始まったが，翌83年よりガウディが引き継ぐ。工事はしばしば中断し，完成するまでにはまだしばらく時間を要すると言われている。が2005年には世界遺産に登録された。

【論旨に無関係なところを削り，注だった部分を本文に含めた文章】

> 　　1882年に着工され現在も工事が続いている，スペイン・バルセロナにある世界遺産の聖堂サグラダ・ファミリアがこの様式の建築物の代表である。

▶▶ 読者に迷わせない

　筆者には当たり前のことでも読者はそれを初めて読みます。どっちとも取れる曖昧な表現を避けて，読者を迷わせない工夫が必要です。レポートを書いているときは常に読者の立場に立って「これで分かるだろうか」という気持ちを持ちましょう。

▶▶ 修飾語は修飾される語の近くに

　修飾する語は修飾される語の直前に置くのが原則です。二つが離れれば離れるほど誤解しやすくなります。

「3日前に壊れた椅子を修理した」

　椅子が壊れたのが3日前でしょうか，修理したのが3日前でしょうか。これでは分かりません。

もし修理したのが3日前ならば，修飾する語「3日前」を修飾語される語「修理した」のすぐ前に置いて，

　「壊れた椅子があったので，それを3日前に修理した」

としましょう。もし壊れたのが3日前なら，

　「3日前に椅子が壊れたので，今日それを修理した」

として曖昧さを残さない表現にします。

▶▶ 余談を書かない

　論旨に無関係なこと，不要なことを書いてはいけません。授業など会話の中では余談が面白いということもありますが，レポートは楽しませることが目的ではありません。余談を書くと論旨が不明確になり，逆効果の方が大きいものです。筆者には明確であっても，読者は余談なのか本論の一部なのかがすぐには判断できません。それは「余談ですが」との断り書きを入れても同じことです。余談だとは言いながら本論の流れに何らかの関係があるものとして余談を読む可能性が大いにあり，どんなものであっても余談は理解を遅らせるもとです。

▶▶ ビジュアルイメージの活用

　図や表を積極的に使いましょう。レポートを書く目的は読者がこちらの意図をはっきりと理解することです。分かりやすくするために図，表，グラフ，写真などを積極的に利用します。

▶▶ ビジュアルイメージが言葉を補う

　駅から目的地までの道筋を言葉だけで説明するのは難しいものですが，地図を見せれば簡単に理解してもらえます。駅から大学のキャンパスまでの道順について，下の説明文だけで理解できますか。

　「駅から大学のキャンパスへは，徒歩で約20分です。駅を出て南に進むとアーケード商店街がありますので，その中に入って東に進みアーケードを出たところに教会本部の神殿があります。その前を南に進み，高校が右前に見える交差点を左折するとほどなく大学のキャンパスに到着します。」

13章 伝えるテクニック4

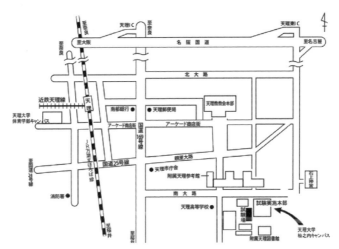

（地図の出典　http://www.tenri-u.ac.jp/calendar/q3tncs0000138rwp-att/q3tncs0000138s11.pdf）

説明文を読みながら地図を見るのと，説明文だけを読むのでは大違いですね。

▶▶ 概念を具体的に

　地図のほかにも，抽象的な概念を図や表で表すと理解に役に立ちます。家系図，化学式，音符はビジュアルです。図や表は考えを他人に伝えるために効果的で，同時に自分の頭を整理するのにも役立ちます。私たちは漠然としたものを文字としてだけでなくビジュアルなイメージとして思い描いています。レポートをビジュアル化していきましょう。ビジュアル化の代表はグラフです。下はイチロー選手の活躍を文字と表とグラフで示した例です。グラフがあって文字だけよりぐっと分かりやすくなりました。

▶▶ 文字情報

　イチローは2004年にシーズン最多安打の大リーグ記録を更新し，首位打者になった。各月の安打数は4月26本，5月50本，6月29本，7月51本，8月56本，9月44本，そして10月は6本（3試合）だった。打率は4月末に.255だったものが5月末で.335，6月末で.315，その後調子を上げ，7月末で.346，8月末で.371，9月末で.371，最終打率は.372だった。

【表】

	月間安打	月間打率	累積安打	通算打率
4月	26	0.255	26	0.255
5月	50	0.400	76	0.335
6月	29	0.274	105	0.315
7月	51	0.432	156	0.346
8月	56	0.463	212	0.371
9月	44	0.373	256	0.371
10月	6	0.429	262	0.372

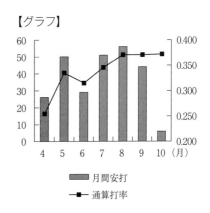

Exercise 13

(1) 次の文の注をなくし，注の内容を本文の中に取り込んで書き直してください。いつ完成したかなどの年代情報を入れる必要はありません。

広島県で世界遺産に登録されているものには安芸の宮島*1と原爆ドーム*2がある。

* 1　日本三景のひとつに数えられている安芸の宮島。海上に建つ厳島神社は593年に創設され，1168年に現在の姿に改められた。朱塗り，檜皮葺の荘厳な屋根の寝殿造りで，満ち潮の時には朱色鮮やかな鳥居や社殿が海に浮かぶように見える。
* 2　1915年（大正4年）に広島県物産陳列館として完成した建物だった。1945年8月6日の原爆投下によって建物が一瞬にして大破したが，爆風が真上から到達したために壁の一部が倒壊を免れ枠だけが残った。平和を祈念する象徴として世界遺産とされた。

(2) 次の文を，きれいなのは橋，赤くて大きいのはボタンだと分かるように書き直してください。

大きな赤いきれいな橋の下に咲いたボタンの花

14章 伝えるテクニック5　表現の色々なルール

　私たち日本人は日頃からの習慣で曖昧な言い回しをしてしまいます。しかしこれはレポートの表現としては不適当です。曖昧な表現でごまかさないようにします。

▶▶ 程度を表す形容は具体的，客観的に
　ものごとの程度を表すとき「すごく」や「とても」「かなり」をつい使いがちになりますが，それらは主観的な言葉なので避けます。筆者の意図するところが分からないと誤解を生みます。

　「4K，8Kテレビはすでにかなりの家庭に普及している」

という表現で筆者は「ごく少数だとの予測に反して20％の家庭に普及していた」との意味を込めていたとしても，読者は「かなりというのだから80％ぐらいは普及しているのだろう」と読んでしまう可能性があります。誤解を避けるために，より具体的で客観的な「過半数」や「大多数」という表現，あるいは「4分の3」や「17％」といった具体的な数字を使いましょう。

▶▶ 断定すること
　推測の語尾「〜と思われる」「らしい」「だろう」「ようだ」などは書いた内容に対する自信のなさの表れです。断定しましょう。断定ができない内容ならばそのことは書かないでおきます。どうしても書きたければごまかさずに「私は〜と考える」として責任の所在をはっきりさせましょう。

▶▶ 伝聞は誰から聞いたことなのかを明確に
　伝聞の語尾「〜と言われている」「とのことだ」「だそうだ」もレポートには似合わない表現です。誰が言っていることか分からないものはデータとして価値がありません。伝聞した事実を書きたければその出典をはっきりさせなければなりません。

　「朝日新聞大阪本社版2019年3月1日付け朝刊によると」
　「スポーツ庁が実施した『平成30年度全国体力・運動能力，運動習慣等調査結果』では」

など，誰がどこで言っていることなのかを明確にします。

▶▶ 数字を曖昧にしない
　数字のあとに「ほど」「ばかり」をつけるのは口語です。断定口調で会話をすると相手に対してきつい印象を与えるのであえてぼかすのです。が，レポートにそのような気遣いは無用です。会話では奥ゆかしく「子どもは三人ばかりおります」と言ってもレポートでは「サンプル数は482名（男性211名，女性271名）」と，明示します。

▶▶ 口語体と文語体
　レポートには口語体でなく文語体を使います。口語体とは話をするときに，文語体とは書くときに使う言葉です。口語体と文語体は言葉をかける相手との関係が違います。口語体は相手との関係

14章 伝えるテクニック5

で言葉を選びます。相手には目上の人，目下の人，理解のすばやい人，遅い人，知識のある人，ない人，と多様な人がいます。相手の反応を見ながら私たちは相手に合わせてその場で話す内容や言葉を使い分けています。

▶▶ 文語体は多くの人に伝えるときの言葉

書く文章はほとんどの場合不特定多数を相手にするので，その言葉づかいはより一般的な誰にでも通用する形になります。これが文語体です。会話であっても，大学の講義や講演会のような多数の人を相手にする場合はやはり文語体が用いられます。口語体はくだけた言い方，文語体は丁寧な言い方のことではありません。口語体は特定の人にだけ語りかける言い方，文語体は誰にでも通用する言い方のことです。レポートや論文は実際には教員一人だけが読むことも多いのですが，その分野の研究者が読者であると想定して「学会で通用する」言い方を目指します。そのような理由でレポートは文語体を使います。では具体的にみてみましょう。

▶▶ ら抜きことば，い抜きことば

口語体では「ら抜きことば」「い抜きことば」は許容されつつありますが文語体では使いません。

見れる　→　見られる
起こってる　→　起こっている

▶▶ 口語体語尾

「〜ですね」や「〜しちゃいました」という語尾も口語体で，文語体では使いません。

変色しちゃってるね　→　変色しています

▶▶ 「ん」音化

口語では長い言葉が省略されて短くなったときに「ん」音化することがありますが，レポートではこれも避けます。

いろんな人が　→　色々な人が
あんなことは　→　あのようなことは

▶▶ 誤字・当て字を書かない

レポートに誤字・当て字があると，それだけで説得力が大きく低下します。用字に少しでも自信がないときは辞書を引く習慣をつけましょう。下は筆者が経験した学生のレポートの中の間違いの例です。一見正しく見えるものもありますが，それだから余計に間違いやすいのです。日頃から文字の意味を意識しながら言葉を使うようにしましょう。

×　　　　○
予談　→　余談，予断
特意　→　得意
価置観　→　価値観
確心　→　確信，核心

哀愁　→　哀愁
誤楽　→　娯楽

▶▶ 誤変換

　ワープロで書くと上のような間違いは減りますが今度は同音異義語の誤変換に神経を使う必要が出てきます。うろ覚えの漢字は誤変換に気づかないで見過ごしてしまいます。下の例は間違いが多く見受けられる同音異義語です。それぞれの意味の違いを意識し，曖昧なものは辞書で調べておきましょう。

　こうえん（講演／公演）
　けんとう（検討／見当）
　たいしょう（対称／対象／対照）
　ふよう（不要／不用）
　はじめて（始めて／初めて）
　おさえる（抑える／押さえる）

▶▶ 耳だけで覚えている言葉に注意

　誤字や当て字ではありませんが，次のような間違いもあります。

　　　　　×　　　　　　　　　○
「〜せざろうえない」　→　「〜せざるをえない」
「やもうえない」　　　→　「やむをえない」
「〜とゆう」　　　　　→　「〜という」
「うる覚え」　　　　　→　「うろ覚え」

　このような誤用は言葉を音だけで聞いて文字を考えないところから起こっています。言葉の成り立ちが分かっていないようです。「せざるをえない」や「やむをえない」は「しなければならない」と同じく二重否定の表現だということが分かっていないのです。

▶▶ オ列ののばす音に関するルール

　オ列ののばす音の発音は「お」ですが，表記は「う」と「お」があります。どのようにして使い分けるのでしょうか。それは音読みか訓読みかで区別されます。その言葉が音読みの場合は「う」と書きます。

「往復（おうふく）」
「構想（こうそう）」
「相談（そうだん）」
「用件（ようけん）」

その言葉が訓読みの場合は「お」と書きます。

「多い（おおい）」

14章 伝えるテクニック5

「公（おおやけ）」
「氷（こおり）」
「滞る（とどこおる）」
「通り（とおり）」
「十日（とおか）」
「頬ばる（ほおばる）」

▶▶ 「じ」「ず」と「ぢ」「づ」

「じ」「ず」と発音される言葉は原則として「じ」「ず」と書き表します。

「地面（じめん）」
「指図（さしず）」

しかし，次の場合は「ぢ」「づ」と書くことになっています。

例外①　「ち」や「つ」の音が二つ続き，後の音が濁るとき
「縮む（ちぢむ）」
「続く（つづく）」

例外②　二つの言葉が組み合わされて一つの言葉になっている場合で，うしろの言葉の最初の音が単独では「ち」「つ」と発音され，それが組み合わされることによって濁るとき
「鼻血（はなぢ）」（はな＋ち）
「相槌（あいづち）」（あい＋つち）
「気づく（きづく）」（き＋つく）

ただし「世界中（せかいじゅう）」や「意地（いじ）」のように慣用的にそうならないことがあり（例外の例外），その場合は一つ一つおぼえていくしかありません。なお，ワープロで「ぢ」「づ」をローマ字入力するときは「DI」「DU」と入力します。

▶▶ レポートは家を建てるように

レポートを読むのは家を訪問するのに似ています。玄関の雰囲気がいいと中に入りたくなり，建物の構造がしっかりしていると安心できます。気持ちのよい別れはいつまでも記憶に残ります。レポートもこれらのことに心がけ，気分よく訪ねてもらえる家を建てましょう。

```
入口（序論）：読みたい気持ちにさせる
建物（本論）：理解しやすい気持ちにさせる
出口（結び）：記憶にとどめさせる
```

▶▶ 序　論

序論は本文への見通しがいいことが肝要です。読者はまずここを読んで，読み進めるかどうかを決めます。全体を通じて何が言いたいのかを明瞭に述べましょう。レポートの主題を定義づけ，どのように話を進めていくか，つまり建物の見取り図も提示しておきましょう。

▶▶ 本　　論
　本論では中心部分をストレートに書きます。結論（＝主張）が早めに分かるのがいい文章です。そして結論を納得させる根拠をあげて，論理的に説明していきます。読者の理解のためには論旨に無関係なこと，不要なことを書かないようにしましょう。話が脇道にそれると読者は要点がつかみにくくなります。

▶▶ 結　　び
　結びではもう一度問題を整理します。自分のレポートが研究分野全体でどのような意味を持っているのかを客観的な立場で評価したり，議論の余地がある点があればそれを今後の課題としてあげたりします。

▶▶ 設計図は建てながら描いていく
　家を建てることとレポート作成はよく似ていますが，違うところもあります。建物は設計図なしに組み立てられませんが，レポートは設計図が完成していなくても書き始められます。全体の構造はたしかに大事ですが，最初に完璧に構造を決めるのではなく書きながら構造をしあげていきましょう。建物のイメージが最初からクリアに頭の中にあるのはよほど書き慣れた執筆家だけです。普通は一つ一つ積み上げていく中で全体像が見えてきます。家の建築途中の設計変更は大変ですが，レポートの場合は書きながら気軽に手直ししていけます。設計図が未完成でもためらうことなく書き始めましょう。

▶▶ 章・節・項に分けるコツ
　A4用紙1枚程度の短いレポートはそのまま一つの文章として書き下して構いませんが，長くなると文章を分割し章立てにすることを考えましょう。いくつかの文を一つの「章」としてまとめ，何章かに分けた方が読者の負担は減って理解も深まります。一つの章の長さが長くなると，今度はそれをいくつかの「節」に分けます。さらに節も長くなると「項」に分けます。章―節―項という階層的分類は読み手にレポートの全体構造のビジュアルイメージを与えます。

▶▶ 分ける目的を考える
　ほんの数行しかない文章や，短い段落を一つの章や節にするのはやめましょう。細分化するとかえって読みにくいし，議論がプツプツと途切れた印象を与えます。ただし，段落ごとに話題がはっきりと異なる場合は一つの段落だけの短い文章でも一つの節や項に分けた方がいい場合があり，長さだけが基準ではありません。章―節―項に分ける目的はあくまでも読者に理解してもらうことです。同様の目的から，章が多くなりすぎるようだといくつかの章をまとめて部や編とすることも検討します。しかしレポートで部立て，編立ての構成になっている長編のものはあまり見ません。

▶▶ 各セクションの長さを揃える
　章―節―項ごとの長さの極端な長短は避けましょう。同じほどの文字数に揃えるのは簡単ではなく少々の長短のアンバランスは許されますが，ある章が別の章の何倍もあるとか，節が別の章全体よりも長いなどというのは明らかに読み手に混乱を与えます。長短の差は最大3倍以内をめやすに各レベルで長さを揃えることを心がけましょう。

14章 伝えるテクニック5

▶▶ 話題のレベルを揃える

　例えば，次のような章の並べ方はどうでしょうか。

　第1章「電子ネットワークの世界」
　第2章「ネットオークションサイトの問題点」
　第3章「インターネットを活用する」

第1章で電子ネットワーク全般のことを述べ，第2章でその中のごく限定的なことについて述べたかと思えば，第3章ではまたインターネット一般の話に戻っています。このような章立ては焦点がはっきりせず，読者には書き手の意図が見えにくいものです。章や節の立て方にはいくつかの手法があり，各章・節ごとに同レベルの話題を並列させる手法，大きな話題から小さな話題へと話を絞り込む手法，小さな話題から大きな話題へと話を展開させる手法などがあります。話題が大きくなったり小さくなったりするのはよくありません。

▶▶ ネーミングのテクニック

　読者がまず目にするのはレポートのタイトルです。タイトルを適切につけることが意図を伝える大きな役割を果たします。レポートの内容と比べて大きすぎず小さすぎず，内容を簡潔に表しているタイトルが適切なタイトルです。タイトルが大きすぎると内容の貧弱さが目立ち「羊頭狗肉」の印象を与えてしまいます。タイトルが小さすぎると全体像が理解しにくくなります。下の例はタイトルに副題を加えたネーミングの方法です。主タイトル（**現代日本語の変化に関する考察**）で書こうとしている一般的な分野を大きく表し，副題（**『ら』抜き言葉の文法的合理性**）で具体的に絞り込まれたテーマを表しています。主タイトルと副題の間はこのようにコロン（：）でつないだりダッシュ（―）でつないだりします。

　「現代日本語の変化に関する考察：『ら』抜き言葉の文法的合理性」

▶▶ タイトルは変更せよ

　タイトルはレポートを書く前からつけておかなければならないものではありません。最初につけるタイトルは仮のタイトルで，これから書くレポートの方向性を表していれば十分です。ある程度書き進む中で，最初につけたタイトルが内容に合致したものかどうかを検討します。これはレポートの方向性それ自体の検討でもあります。タイトルは読者はもとより筆者本人もそれに左右されがちなので，もし書いている内容が最初につけたタイトルからずれてきていると思えばためらわずにタイトルを変えましょう。

▶▶ 最後にもう一度検討

　書き上がった時点でもう一度，タイトルが内容を適切に表しているかどうか検討します。次の点をチェックしましょう。

- タイトルがレポートの内容を反映しているか
- タイトルが細部に限定されすぎていて，全体像がつかめなくなっていないか
- 内容が限定的なのにタイトルが一般的すぎないか
- 書いたことより書きたいことがタイトルになっていないか

▶▶ 章―節―項のネーミングもあった方が親切

レポート全体のタイトルだけでなく，章や節の題名も的確に内容を反映したものにします。章や節のネーミングは数字だけの
「第3章」「第1節」よりも，
「第2章　江戸時代中期の身体観の変遷」「第1節　北部イングランド地方の女性の衣装」
などとした方が，読者はこれから読む章や節の具体的イメージが得られます。レポートを書く目的は筆者の意図を読者に正確に伝えることです。読者の理解に役立つことは積極的に行いましょう。

Exercise 14

(1) 次の文を全部ひらがなで書いてください。

　ここ三日ばかり身の縮むほど寒い日が続いており，今朝はとくに冷えると思ったら天気予報の予想通り，裏の通りに初氷が張っているのが見られた。

(2) では，これから書くレポートのタイトルと章立てを考えて書いてみてください。もし第4章や第5章があれば付け足してください。タイトルも章立ても途中でいくら変えてもかまわないので気軽に書いてみましょう。これから書く文章の方向性が少し見えてくればそれで十分です。

タイトル

第1章

第2章

第3章

15章 引用のテクニック

▶▶ 引用の基本

　レポートは自分の主張とそれを理由づける事実の提示からできています。主張は自分のオリジナルでなければなりませんが，まったく何もないところから新しいものは生まれません。自分の主張のために他人の見解を利用するのはごく当然で，引用はレポートを書くときの正当なテクニックです。ただし，他人の意見を自分の意見のように書くことは許されません。それは人のものを盗む窃盗と同じです。自分にそのつもりがなくても自分の意見と他人の意見をきちんと区別して表現しなければ，結果としては盗作や剽窃になってしまいます。引用の仕方はきちんと身につけておきましょう。

▶▶ 引用の分量

　引用は自分の主張をサポートするためのものですから自分の主張よりも長い引用はNGです。引用が数行に渡り，自分の意見が1行だけというのは単なる感想です。著作権法「第32条第1項（引用）」は

　　公表された著作物は，引用して利用することができる。この場合において，その引用は，公正な慣行に合致するものであり，かつ，報道，批評，研究その他の引用の目的上正当な範囲内で行なわれるものでなければならない。

としています。皆さんがレポートを書くのは研究の一端ですから，レポートに何らかの文章を引用することは「引用の目的上正当な範囲」に入っていると言えます。では「公正な慣行」とは何でしょう。それはまず，分量や内容においてあくまで自分の意見が主で引用が従の関係だということです。また，自分の文章と引用した文章がはっきりと分けられていること，そして出典を明示することです。文献情報やネットを引用した場合は書名や著者名，サイト名，URL，アクセス年月日などの情報を書いておかなければなりません。次に，その具体的な引用方法を説明します。

▶▶ インデントとカギカッコ

　インデントとは，本文よりも少し字下げして段落全体を記すことをいいます。上の著作権法の表し方が，まさにこのインデントの例になっています。自分の文章の間に他人の文章を挿入するときには引用箇所がはっきりと分かるような工夫をします。数行にわたる長い引用はインデントを用い，短い引用のときはカギカッコの中に入れ，本文中に含めます。カギカッコで引用した例を次にあげます。

　　土居が「オモテとウラはそれぞれ外と内という日本で特に意識されることの多い人間関係の区別に対応すると考えられる」（土居健郎『表と裏』弘文堂，1985年，11頁）と述べているように，ことさら表と裏を区別するのは日本的な特徴であって，諸外国にはこのような傾向は……

　上の「オモテとウラはそれぞれ外と内という日本で特に意識されることの多い人間関係の区別に

対応すると考えられる」の部分が引用箇所で，その後ろに文献情報が書かれてあります。

▶▶ 引用文献・参考文献の情報

　上の例のように，引用するときは必ず出典となった文献の情報を記します。引用文献・参考文献の記し方にはいくつかの形式がありますが，少なくとも以下の情報は記さなければなりません。

```
【単行本】              【雑誌】
  著者名                 著者名
  書名                   論文名
  出版社名               雑誌名
  刊行年                 巻数・号数
  引用箇所のページ数     引用箇所のページ数
```

著者以外に編者がいるときは○○編，とします。出典の書き方の例をいくつか以下に示します。

【単行本の場合】

橋本典明『サイバーテロから身を守る』小学館文庫，2001年，45頁

【雑誌の場合】

大橋英寿・石井宏典「南米の移住地にみる日系人の同化と葛藤」『現代のエスプリ』第308号，128-129頁

【リーディングスの場合】

伊藤義之「情報化時代の電縁社会」古今書院，住原則也他編『異文化を「知る」ための方法』1996年，p. 211

【外国語の単行本の場合】

G. Condominas, *Nous avons mangé la forêt*, Paris: Mercure de France, 2017.　p. 10
（著者名）　　（書名）　　　　　　　　　（発行地）（出版社名）　　　　（刊行年）（引用箇所）

【外国語の雑誌の場合】

E. T. Hall, "Proxemics", *Current Anthropology* vol. 9, nos. 2-3, pp. 87-88
（著者名）　（論文名）　　　（書名）　　　　　　　　（巻）　（号）　　（引用箇所）

　出典の書き方は研究分野や執筆する雑誌や本によって少しずつ異なり，上記以外のルールを推奨している場合がありますが，重要なのはそれらをすべて覚えることではなく何をみればルールが分かるかを知っておくことです。分野によって決まりがあるので，自分の専門分野の雑誌や書物の参考文献欄を見て実際にどのようになっているかを確かめておきましょう。

　最近はネットにある情報を利用する事も多くなりました。オンラインの情報は玉石混淆で，正確でない情報もたくさんあります。とくに個人が発信している情報や得体の知れない組織が発信している情報については慎重にその真偽を見極める必要があるので，大学や研究機関，公的機関などが発信する情報と同等の資料的価値を期待できない場合があることを心得ておきましょう。いずれにしろ，ネット上の情報を引用した場合は，最低限そのアドレス（URL）とアクセス年月日を書いて

おきます。

▶▶ 参考文献表を作る

　長いレポートや論文は，引用した箇所にいちいちすべての文献情報を書くのではなく，レポートの最後に参考文献表を作成します。文献表に載せる順番は著者の五十音順やアルファベット順にし，論文や書籍ごとにすべての文献情報を書き一覧表にします。一方本文中には，インデントやカギカッコで引用をした箇所の直後に（著者名，発行年，ページ数）の情報をカッコに入れて書いておきます。

あ と が き

　レポートを書くのが苦手，という人はたくさんいます。学校ではレポートとは何かも，レポートの書き方も教えてくれません。なのに，先生は「では〇日までにレポートを提出してください」などと簡単に言います。どうすればいいのでしょうか。小学校などでは調べ学習を行い，分かったことを報告したり発表したりしました。でも先生は「レポートとはそういうものではない。レポートとは自らの主張することを根拠に基づいて論理的に書くものだ」と言います。そう言われても途方に暮れるだけでしょう。そんな人のためにレポート作成のテクニックを具体的に示した本を書きました。

　レポート作成の基本は三つ，**「読む」「書く」「伝える」**です。この本では三つのテクニックを紹介しました。まずはレポートらしい文章に慣れてもらうための「読む」テクニックです。現代人はSNSの短い文章にばかり慣れています。論理的な文章を書くためには論理的な文章を知ることが必要です。そこで論説文や新聞などのような文章に触れ，論理的な文章の構造を知ってもらうことにしました。

　次は「書く」テクニックです。書くと言っても文章を作ることではなく，メモすることです。レポートの取っかかりは相手を意識しない自分にだけ分かるメモを作ることです。これが分かっていない人が多いのです。書き始めの一，二行で行き詰まってしまって原稿用紙やパソコンの前でウンウンうなっている人は「書く」を飛ばしていきなり「伝え」ようとしているのです。急がば回れ。まずはネタ帳を作りましょう。読むのは自分だけなので，言葉づかいも体裁も気にせず思ったことを書きましょう。

　最後が「伝える」ことです。「書く」と「伝える」は違います。レポート作成は相手など気にせずに自分の思いをはき出し，それをすべて記録していくことから始めます。でも，最終的にはレポートは自分のために書くのではなく，人のために，読者のために書くものです。だからそこには様々な工夫が必要になります。書き手の真意がきちんと「伝わる」さまざまなテクニックを学んでいきましょう。

　レポート作成のテクニックさえ分かれば苦手意識もなくなります。レポートを書くことは苦ではなく，むしろ自分の考えを正しく人に伝えられる喜びでさえあります。そう思う人を増やしたくて私は何冊かの本を書き，大学などで文章指導をしてきました。嵯峨野書院からは「はじめてのレポート」シリーズを，本書を含め三冊出させてもらいました。私の思いを実現するために陰に陽に助けてくださった嵯峨野書院の歴代の編集者に深く感謝します。

伊 藤 義 之

▶▶ 著者紹介

伊 藤 義 之（いとうよしゆき）
 1954 年 和歌山県生まれ
 1978 年 大阪大学人間科学部卒業
 1982 年 米国パデュー大学大学院博士課程単位取得退学
 1984 年 大阪大学大学院人間科学研究科博士後期課程修了
 現　在 天理大学教授

【著　書】
 『入門ロータス 1-2-3・教育編』（エーアイ出版，1989 年）
 『異文化を「知る」ための方法』（古今書院，1996 年）
 『キックオフ！コンピュータ入門』（嵯峨野書院，2000 年）
 『はじめてのレポート――レポート作成のための 55 のステップ』（嵯峨野書院，2003 年）
 『はじめてのレポート Workbook』（嵯峨野書院，2005 年）他

はじめてのレポート Textbook 《検印省略》

2019 年 9 月 20 日　第 1 版第 1 刷発行

著　者 伊　藤　義　之
発 行 者 前　田　　　茂
発 行 所 嵯 峨 野 書 院

〒615-8045　京都市西京区牛ヶ瀬南ノ口町 39　電話 (075)391-7686　振替 01020-8-40694

©Yoshiyuki Ito, 2019 創栄図書印刷・藤原製本

ISBN978-4-7823-0590-4

JCOPY〈出版者著作権管理機構 委託出版物〉
本書の無断複製は著作権法上での例外を除き禁じられています。複製される場合は，そのつど事前に，出版者著作権管理機構（電話03-5244-5088, FAX03-5244-5089, e-mail:info@jcopy.or.jp）の許諾を得てください。

◎本書のコピー，スキャン，デジタル化等の無断複製は著作権法上での例外を除き禁じられています。本書を代行業者等の第三者に依頼してスキャンやデジタル化することは，たとえ個人や家庭内の利用でも著作権法違反です。